教 育 经 典 译 丛

叙事学习

Narrative Learning

（英） 艾沃·古德森

（荷） 格特·比斯塔

（英） 迈克尔·特德

（英） 诺尔玛·阿代尔 / 著

方玺 / 译

北京师范大学出版集团
BEIJING NORMAL UNIVERSITY PUBLISHING GROUP
北京师范大学出版社

献给忠诚的教育家马丁·布鲁默！

教育的视界

——在比较中西、会通古今中发展中国教育学

梁启超 1901 年指出：中国自 19 世纪开始即进入"世界之中国"阶段。这意味着中国与世界相互交织，化为一体。

王国维 1923 年进一步说道："余谓中西二学，盛则俱盛，衰则俱衰。风气既开，互相推助。且居今日之世，讲今日之学，未有西学不兴而中学能兴者，亦未有中学不兴而西学能兴者。"这意味着中西二学相互交融，盛衰一体、兴废一体。

困扰中国社会发展的"古今""中西"问题始终相互影响。倘不能处理好"中西"问题，忽视"西学"或"西体"，则必然走向"中国文化本位论"，进而不能处理好"古今"问题，中国实现现代化与民主化断无可能。倘不能处理好"古今"问题，忽视中国文化传统或"中学""中体"，则必然走向"全盘西化论"，由此不能处理好"中西"问题，中国文化会深陷危机，中国现代化与民主化会成为无源之水、无本之木。

因此，中国教育理论或教育科学的繁荣必须坚持"比较中西、

会通古今"的方法论原则。这至少包括如下内涵。

第一，国际视野。我们要取兼容并包的态度，敞开心扉，迎接世界一切先进教育理论进入中国。我们要对这些教育理论进行翻译、研究、吸收并使之"中国化"，像当年吸收佛教文献那样。我们要形成教育研究的国际视野：这包括价值论上的"世界主义"胸怀和多元主义价值观；知识论上的多重视角观，学会以人观人、以人观我、以我观人、以我观我，在视角融合和复杂对话中发现教育真理；方法论上的深度比较法，防止简单翻译、机械比附或牵强附会，要上升到文化背景、历史发展和价值取向层面去理解教育问题。

第二，文化传统。我们要珍视已持续两千余年的、以儒释道为核心的中国智慧传统，它不仅构成了中国文化，而且是世界文明不可或缺的组成部分。我们要将中国智慧传统植根于中国社会和历史情境，真诚对待并深刻理解，防止"厚今薄古"或"以今非古"的肤浅之论。我们要基于中国与世界的现实需求和未来趋势，对中国智慧传统进行"转化性创造"，使之脱颖而出、焕发生机。我们要基于中国智慧传统理解教育实践、建构教育理论，须知，"中国教育学"唯有基于中国智慧传统方能建成。我们要充分继承五四运动以来中国教育启蒙和教育民主化的宝贵传统，须知，"中国教育学"以实现东方教育民主为根本使命。

第三，实践精神。我们要始终关切实践发展、参与实践变革、解决实践问题、承担实践责任，须知，教育实践是教育科学的源泉。我们要把发展实践智慧作为教师解放和教师专业发展的核心，让教师成为"反思性实践者"。我们要成为每一个学生的真诚倾听者，通过倾听学生而悦纳、理解和帮助学生，最终实现每一个学生的个性自由与解放。

国际视野、文化传统与实践精神的三位一体，即构成"中国教育学精神"。践履这种精神是中国教育学者的使命。

是为序。

张华

于沪上三乐楼

目 录/

/第一章 前言：生活、叙事和学习/

丹麦哲学家索伦·克尔凯戈尔(Søren Kierkegaard)曾说过："生活只能向前，但只有回望才能理解生活。"我们要问的是，如何形成这种理解？它对人们的生活方式有何意义？

本书的焦点是故事——人们讲述的关于自己和生活的故事。不管愿不愿意，这些故事都在那里，人们没有权利选择是否拥有这些故事。从根本上讲，我们活在故事里，在故事中生活，通过故事去生活。当我们呱呱落地，就进入一个充满故事的世界：故事里有父母、同辈、文化、国家和文明……随着时间的推移，我们开始加入自己的故事，而这可能会改变我们曾被告知的关于我们是谁、我们是什么的故事。当我们逝去的时候，我们的故事在他人的故事中延续。故事使生活充满延续性、持续力和生机。我们在故事中回忆过去、憧憬未来，并借此感知现在。故事让生活有了结构，把生活衔接为连贯的整体，也赋予生活意义。当然，它也会让我们的生活变得复杂、破碎、没有意义。故事不仅是我们认识自己的窗口，在很大程度上，故事就是我们自己。没有故事，我们究竟会在哪里？我们会是什么样的人？

我们在不同的情境中，因为不同的原因和目的讲述故事，其结果或效果也不尽相同。很多故事与我们的日常生活紧密交织在一起，无处不在。它们包括简短的交流、短小的趣闻逸事、想与他人分享的事情，或者是为了某种特殊的目的，又或者仅仅是为了分享。有些故事是客观的、描述性的，有些则表述了我们的经历和感受。故事总有一个主题——可能是事件、经历、际遇或是人，而讲述的过程往往也表达了我们自己，即使仅仅是我们关于这一个情境的看法。故事实现了交流的目的——与他人交流、与自己交流(如日记、"内心独白"——冥想、思索或白日梦)。

有些故事以描述为主，另一些则侧重反思和评价。当我们尝试理解自己的行为方式、选择和决定时，当我们质疑周遭事件时，反思就发生了。有些人习惯于反思，另一些人则只有在面对生活转变、危机或正常的规律被打破时才会反思。此时此刻，我们所建构的关于自己和生活的故事可以帮助我们找寻新的意义，确定新的方向，也可以让我们与自己和周遭的事件达成妥协。虽然大多数人讲述的故事是片段式的——关于一个个事件或经历的松散描述，但有些人却能开发故事情节，并围绕这些情节来选择、组织和再现日常生活中的经历和事件。这些故事情节就变成了生活故事。

这些讲述自我和自身生活的故事扮演着重要的角色，我们从中学习，而这些又可能反过来影响我们的生活。但是，生活、自我、故事与学习的关系复杂得多。故事绝非只是生活和自我的描述，绝非只是一幅以资学习的图片。事实上，故事是由生活和自我构成的。生活和自我既是故事的描述对象，也是故事的结果。更为复杂的是，自我还是故事的作者。这就意味着，故事的建构（construction）——讲述生活和自我的故事——是整个学习过程的核心要素。在本书中，我们把"通过讲述故事从生活中学习"定义为叙事学习（这个词由古德森于2006年首先提出并使用）。叙事学习并非简单地从讲述的故事中学习，而是在叙事的过程中学习，通过叙事进行学习。因此，此刻我们所讲述的故事在很大程度上就已经是叙事学习的结果了（见Tedder and Biesta，2009a），尽管很多故事在本质上是未完成的，因为我们在讲述的过程中也在不断建构和重建故事。

因为讲故事是生活的必要组成部分，所以叙事学习不必是一个有意识的过程。另外，因为故事是用来交流的，叙事学习往往是我们正在进行的行动、互动或对话的"副产品"。除了一些例外情况下，如心理治疗或关注自传的成人教育项目中（见Dominice，2000；Van Houten，1998；Rossiter and Clark，2007），我们很少有意识地进行以学习为指向的叙事建构。本书中，我们主要关注自发的叙事学习，即不以学习为指向的叙事。本书呈现的故事均来源于学习生活项目（Learning Lives Project），该项目历时四年，由来自英国多所大学的研究者合作完成。研究者对117位25～84岁的成年人进行了多次开放性访谈，访谈采用了生活史（life history）和生命历程方法（life-course approach），旨在理解参与者过去和现在的生活。所有的访谈都围绕着一个简单却关键的问题：能告诉我你的生活吗？

进行生活故事研究的好处之一是，它可以借鉴生活史研究的各种流派，不管是成人学习方面的（见 West et al.，2007），还是其他社会科学领域的（见 Chamberlayne et al.，2000）。生活史研究植根于人类学、社会学、现象学、解释学，20世纪初就已成为一种研究典范。因此，很多方法论问题即使没有被解决，但都曾被提出并讨论过（见 Goodson and Sikes，2001）。但是，本书关注的并不是生活史本身，而是人们如何在讲述的过程中，通过讲述故事从生活中学习。简单地说，本书的重点是学习。

我们探究生活故事的方法是叙事。众所周知，叙事研究被广泛应用于政治科学、心理学、社会学、经济学等领域（Czarniawska，2004：3），但教育界和成人教育界却鲜少有人把叙事和学习进行结合（除了极少数的作者，如 Hopkins，1994；McEwan and Egan，1995；成人教育界有 Rossiter，1999；Rossiter and Clark，2007）。虽然北美的很多作者已关注过叙事在教育中的运用，但没有人特别关注过叙事对于学习的意义（Connelly and Clandinin，1990；Clandinin and Connelly，1991）。本书对于生活、叙事和学习之间的联系进行探究，以填补这些领域的空白。

本书的结论主要来源于在学习生活项目中通过访谈获取的大量数据，我们对于生活、叙事和学习的关系的理解也主要来源于该项目的参与者与我们分享的故事。因此，本书的绝大部分篇幅将用于呈现、讨论和分析这些故事。尽管研究共涉及 117 位参与者，但限于篇幅，我们仅能呈现其中的一小部分。虽然我们明白叙事学习的发展要以对大量参与者的研究为基础，但我们只选择了项目中的八个案例和其中的部分访谈数据。案例选择主要考虑的是多样性和代表性，每一个案例代表了叙事学习理论的不同典范。本章最后一节还会再次讨论案例的选择问题。

本书框架如下：前言介绍了研究的关键概念。首先是学习生活项目相关信息的介绍，旨在使读者明白我们对叙事学习进行严格的理论建构的广阔背景以及方法论依据。其次是在叙事理论的基础上对"叙事的"以及"叙事"这两个概念进行了严格的界定；在此基础上我们将呈现本书的分析框架——"叙事品质"及其与学习和行动的关系。我们不仅关注故事里和讲述故事过程中所体现出来的"叙事品质"差异，也关注学习潜能和行动潜能的不同——通过故事和讲述故事，参与者们学到了什么？这种学习有没有转化为行动？如何转化？我们更大的愿景就是运用叙事学习理论将这些不同的维度整合起来，并在此基础上阐明叙事品质、学习与行动的不同关系。之后的章节将逐一呈现该理论。

必须说明的是，本书只是希望探究人们是否能够通过叙事从生活中学习、为生活学习。我们并不是说人们一定要有故事，更不是说人们非要从生活中学习，非要通过故事从生活中学习。就算没有学习、故事和叙事学习，人们也可以生活得美满、幸福而有意义。事实上，在接下来的几章里，我们会看到，有些参与者就很不习惯谈论自己的生活。

也许，我们可以把人们讲述的生活故事比作一个工具——人们可以用它来学习和生活。本书的重点就是这个工具的品质和特点，同时我们要理解拥有不同"叙事品质"的故事如何以不同的学习方式和行为方式进行。

尽管，我们还可以问一系列问题，如为什么人们会有不同的讲述方式和行为逻辑？但这不是本书要讨论的问题。相似地，还有一些重要的社会问题，如为什么有些人会沉浸在自己的故事中无法自拔，而另一些人则把自己当作故事的过客？为什么有些人对叙事和学习如此投入，而另一些人则很难做到这一点？这些问题固然有趣，但皆不是本书的重点，况且我们收集到的数据也不足以支撑我们对这些问题进行深入探讨。换句话说，本书的目的是去建构学习的理论，而非生活的理论。

学习生活项目

本书所呈现和讨论的案例均来源于学习生活项目——一项历时四年的成人学习传记的追踪研究。项目从 2004 年开始，于 2008 年结束，由来自英国斯特林大学(the University of Stirling)、布莱顿大学(the University of Brighton)、利兹大学(the University of Leeds)和艾克塞特大学(the University of Exeter)的研究者共同完成。本项目旨在进一步理解生命历程中学习的复杂性，辨明能对学习(包括学习机会、倾向和实践等)和成人"赋权增能"产生持续积极影响的策略，并实施和评价这些策略。总体而言，我们的目标是探究学习在成人生活中的意义和作用。我们采用了广义上的学习概念，既包括正式教育，也涵盖日常生活和工作中的学习。与其他传记研究类似，我们关注的重点是参与者的个人经历和生活轨迹，而不是制度背景的特点。

我们把学习看作个体对生活事件的应对，而这种应对通常是为了掌控生活的某些部分(见 Ranson et al.，1996；Antikainen et al.，1996；Biesta，2006)。应对的形式可能大相径庭：消极的或积极的，创造性的或生成性的。也就是说，学习植根于个体所生活的时空：个体的生活史、与社会文化情境的互动、学习所在场域的历史与实践。我们所需应对的事件可能在意料之中，也可能在预料之外，如工作调动或生病，可能是结构性的变化，也可能隐藏在日常生活中(Ecclestone et al.，2009)。这些事件往往带来正式或非正式的学习机会，也有可能带来隐性学习。

在 36 个月的时间里，我们对 117 名参与者(59 名男性和 58 名女性)进行了 528 次访谈。初次访谈时，年龄最小的参与者为 25 岁，最大的 84 岁。我们对每位参与者进行了平均 4～5 次访谈，最频繁者多达 8～9 次，大多数访谈持续约两小时。访谈采用了生活史和生命历程研究结合的方法，在探究参与者的生活史之余，追踪他们三年里的生活变化。此外，我们也分析了英国家庭成员追踪数据库(British Household Panel Survey)。该数据库从全国选出 5 500 户具有代表性的家庭并每年进行追踪，年度参与者约为 10 000 名。在研究伦理上，研究严格遵循了英国教育研究协会(British Educational Research Association)的研究伦理规范。参与者们被告知研究目标和性质，对参与研究和数据发表签名进行授权。他们也被告知可以随时退出研究。除个别参与者坚持使用真名，化名均为参与者自己的选择。在发表时，剔除了可能影响参与者生活的部分敏感数据，对部分背景信息也进行了匿名处理，以确保参与者的隐私权。

首次访谈的主题是参与者的生活史，由"能告诉我你的生活吗?"这个问题展开，之后逐步过渡到生活中正在发生的事件。访谈完全是开放的，参与者有机会对自己的话语进行重新阐述或澄清。所有访谈均被录音，并在转录成文本后提交给参与者。虽然没有强制参与者去阅读和检查转录文本，但最后一次访谈时，他们均会被问及参与本次研究的经历和感悟：定期谈论自己的生活是一种怎样的感受? 阅读自己的访谈文本(如果有)又是一种怎样的感受? 大多数参与者都表示"享受"访谈，并用积极的语言描述了参与研究的过程。例如，"促人思考""发人深省"。也有参与者特别提到了反思，以及在一个感兴趣的听众面前反思自己经历的价值。

在把访谈录音转录成文本时，我们的方法是尽可能转录全部的话语，其中包括间歇与停顿、多余的话语和声音，如表示犹豫的语助词(如"嗯""呃")、话语标记语(如"你知道""我是说")，甚至不合句法逻辑的内容。参与者们对待转录文本的态度不尽相同：有人漠不关心，从未阅读自己的转录文本；而另一些人则很期待阅读自己的转录文本。而阅读的过程对大多数人来说并不愉悦——主要是因为语言，而非内容。参与者们提到了访谈带来的恐惧：或是惧怕过去带来的创伤，或是担忧未来，也有人害怕文字体现出来的生活过于无聊。总体而言，大多数参与者表示他们享受参与研究的过程，但也有参与者不太喜欢这样的经历——至少有一个参与者明确表明他不想再参与类似的项目。

学习生活项目的核心是参与者讲述自己的生活故事。他们的讲述不会被当作生活经历的客观描述。在我们看来，生活故事是"经过阐释和文字表述的生活"，因此必然是"对生活经验有选择性的、不完全的讲述"(Goodson and Sikes，2001：16)。正因为生活故事是此刻对过去经历的阐释，对过去生活的讲述其实有赖于此刻的心境和感受。换句话说，"现在"总是出现在过去的故事中。这并不是说每个不同的"现在"都会带来一个完全不同的生活故事。但是，不可否认，新的经历会使人重新认识和评价过去，成功者和失败者对于过去经历的阐释必然是不同的。现在的境遇会影响我们理解过去，我们如何理解和描述现在的境遇也同样重要。换句话说，"现在"存在于过去的故事里，"现在的故事"同样影响着过去的故事。

现在影响过去，而过去同样影响现在。过去允许或是限制了我们现在所拥有的机会，影响着我们对于现在的理解，决定了我们表达和描述现在的能力。因此，过去也出现在"现在"里。因为学习生活项目是一项追踪研究，我们有机会收集参与者过去和当下的故事，也因此能更深入地理解叙事时过去和现在之间的动态联系。正是这种生命历程方法为我们研究学习提供了独特的视角。

叙事的成果和过程

在有关叙事的著作中，杰罗姆·布鲁纳(Jerome Bruner)(1990)提出，人的思考(也可叫作认知或理性)可分为两种类型：基于逻辑—科学的范式性认知(paradigmatic cognition)和基于故事的叙事性认知(narrative cognition)。范式性认知把具体事件范畴化或概念化,并在范畴或概念之间建立联系。这种思维方式能够把松散的经历组织起来,让人们看到它们的共性和联系,因此原本复杂的经历就似乎显得秩序井然。叙事性认知则强调人类的行动是过去经历、现在情境和未来期望之间互动的结果。因此,它关注每一次行动的独特之处。通过叙事性认知,我们可以理解个人情境化的故事中暂时的和结构化的一致性。布鲁纳认为这两种认知方式存在于所有的文化中,只不过受重视程度不同,西方文化似乎更倾向于范式性认知。

布鲁纳关于叙事的理论与他关于民俗心理学(folk psychology)的理论密切联系(见 Bruner,1990)。他把民俗心理学看作一系列或多或少相连的、基本规范化的表述,如人类如何"行动"、我们和他人的"心灵"如何、人们对于情境的期待、可能的生活模式以及人们怎样选取生活模式等(Bruner,1990:35)。同样类似的还有哈罗德·加芬克尔(Harold Garfinkel)的民族方法学(ethnomethodology)(Garfinkel,1967,2002)。它们都强调原生心理学,关注人类是如何运用自己的(而非心理学家的)心理学进行互动的,反对运用"经典的社会学方法(提出社会阶级、角色等,再进行假设验证)"(Bruner,1990:37)。因此,民俗心理学关注行动的主观"理由",而非行为的客观"原因",其核心是主观能动性。布鲁纳指出:"民俗心理学家强调行为背后的信念、欲望和目标,以及在遇到挑战时如何做出适宜的选择……在他们的中心,所有的民俗心理学都包含一个尤为复杂的能动的自我。"(Bruner,1990:41)

民俗心理学的组织原则是"叙事的而非概念的"(Bruner, 1990：35)。唐纳德·波尔金霍恩(Donald Polkinghorne, 1995：5)解释道："叙事描述把人类活动展现成有目的地参与各种社会实践的过程。叙事就是一种话语组织方式，它把人们生活中各种各样的事件、经历和行动组织成主题统一的、指向目标的有意识的活动。"在他看来，虽然人们对于"叙事"的使用各有不同，但最合适的定义就是有情节的故事（见 Polkinghorne, 1988；Brooks, 1984；Booker, 2004；Ricoeur, 1991）。情节作为"一种概念框架，展示了个别事件在情境中的意义"(Polkinghorne, 1995：7)。

> "情节通过下列方式把零散的事件组织成故事：①限定一个故事开始和结束的暂时范围；②提供故事的筛选标准，即何种事件应被包含在故事中；③暂时按照发生、发展、结尾的方式把各种事件排序；④澄清或辨明事件在故事中的意义。"
>
> (Polkinghorne, 1995：7)

因此，情节提供了故事中事件的筛选标准以及暂时的结构和顺序。但是，很多时候我们也只有在故事行将结束时，在回顾和反思时才可能意识到某些事件的重要性，意识到一些因果联系的存在。

布鲁纳曾提出叙事的顺序性特征(sequential nature of narrative)，这与波尔金霍恩的观点极为类似。他说："叙事是重要事件、偶发事情、心境等按照独特的顺序组成的，身处其中的人们就像戏剧人物或演员一样。"(Bruner, 1990：43)这些构成成分本身并没有意义，只有当它们作为整体，并在一系列事件中处在一定的位置时才具有意义。因此理解叙事的行为是一个双重过程：阐释者要领悟叙事的构建计划才能弄清它的构成部分……但是构建本身又必须从一系列事件中剥离开来(Bruner，1990：43-44)。布鲁纳还认为，叙事是"与事实无关的"(factual indifference)，无论是"真实的"还是"想象的"，都不影响故事的感染力(Bruner，1990：44)。这并不是说不能区分"虚构性叙事"和"经验性叙事"，而是强调这两种叙事形式存在"结构上的密切关系"(Bruner，1990：52)。

至于为什么要建构叙事，布鲁纳说"只有当民俗心理学的构成理念受到干扰时"(Bruner，1990：35)，叙事才得以实现。布鲁纳把这看作民俗心理学的"正典状态"(Canonical status)，即民俗心理学的规范性。它不仅归纳了事物是怎样的，还(通常是含蓄地)说明了事物应该是怎样的(Bruner，1990：39-40)。这意味着叙事特别能够"造就特殊者与普通者之间的联系"(Bruner，1990：47)。在文化层面，布鲁纳强调每一种文化不仅应该包含一系列的标准，还应该包含一系列理解程序，以使人们理解何为规范，何为例外(Bruner，1990：47)。叙事"以人们能够理解的形式说明其对常理的背离"(Bruner，1990：49-50)。

在布鲁纳看来，叙事在文化层面和个人层面(在人们讲述的关于自己和他人的故事里)均起着辩护作用。在他看来，这种自传式的讲述不仅是关于生活的描述，更应被看作"我们觉得我们在何种情境中因为何种原因用何种方式所做的事情"(Bruner，1990：119)。因此，叙事基于"为例外辩护"的原则(Bruner，1990：121)，揭示了"一个强烈的修辞链，好似说明为什么事物朝着某一个方面发展是必要的(不是机械的因果关系，而是道德、社会、情感上的必要性)"(Bruner，1990：121)。因此，自我作为讲述者"不仅在讲述，也在辩护"(Bruner，1990：121)。

这意味着叙事不仅构建了某个"版本的"我们的生活，也构建了一个特殊版本的自我。布鲁纳借鉴波罗诺夫(Polonoff)的观点，提出自我"是叙事的成果，而非它所指代的一些固定而隐藏的'东西'"。自我，正如波尔金霍恩(Polkinghorne)所言，"不是静止不变的物质，而是把零散的个人事件组合成统一的历史；不仅包含过去的自我，也包括自我对于未来的预设"(Polkinghorne，转引自 Bruner，1990：116)。因此，讲述生活故事就是建构布鲁纳所说的"一个追踪版本的自我"(Bruner，1990：120)。虽然叙事是建构的，但建构的过程并非完全自由。它们受生活事件所限，也受讲述的需要所限(Bruner，1990：120)。因此，每一个自传的核心都极有可能是一个"主人公式的自我"，不管是积极的行动者、消极的体验者，还是其他不明确的形象(Bruner，1990：121)。

自我不仅是叙事的对象和成果，同时也是叙事的主体。叙事者无疑会带着"自己的讲述视角"——叙事不可能是"无声的"(Bruner，1990：77)。这就是自传有如此魅力的原因，因为它是"讲述者此时此刻讲述的一个以自己名字命名的主人公彼时彼刻的境遇，当主人公与讲述者融合，故事就戛然而止"(Bruner，1990：121)。因此，在生活叙事中，过去、现在和未来的关系极为复杂。虽然故事是关于过去的，但此刻对于故事的拼凑同样重要(Bruner，1990：122)。"不仅讲述者需要努力回忆脑海里的事件，更重要的是，在讲述过去的故事时，讲述者需要决定"此刻怎样讲述过去的事情"（Bruner，1990：122）。除了过去，还有关于未来的指向。比如，总结童年时光时，"当有人说，'我是一个相当叛逆的小孩'，这既可被当作结论，也可被当作预言"（Bruner，1990：121）。

本节讨论了一些从叙事角度探究生活故事的注意事项。首先澄清了故事和叙事在概念上的不同。波尔金霍恩把叙事看作有情节的故事，有组织原则的故事，它能够呈现和表明个别事件在情境中的意义。虽然生活事件往往以时间为序进行情节设定，但叙事并不一定如此进行。情节对叙事者极为重要，因为它提供了生活事件选择和组织的标准。情节也可被看作叙事者从生活中学习的标志，是叙事学习的证明（见Tedder and Biesta，2009a）。其次阐述布鲁纳所提出的观点，即叙事既在描述也在辩护。人们为了说明为什么事情会朝着某个方向发展而建构叙事（不是机械的因果关系，而是道德、社会、情感上的必要性）。再次，虽然生活故事是主观的，但它们并不怪异。生活故事往往展现叙事的常见特点，诸如人物、行为、目标、场景、手段等（伯克的"五位一体理论"，见 Kenneth Burke，1945）。更重要的是，生活叙事经常用到特殊的"脚本""样板戏"和"体裁"，它们既用于建构故事，也用于"在"故事中和"通过"故事对自我进行建构。在这方面，查尔尼娅维斯卡（Czarniawska）提到了一个非常有用的观点。她说，生活故事（就像传记和自传）本身就是一种体裁，历史较短也较特殊（传记一词直到1680 年才成为一个被认可的术语，而自传一词直到 1809 年才在英语文本中出现）。她把生活故事叫作"最核心的当代体裁之一"，并说"它的常见特点是个人历史的叙事总是在社会历史的叙事当中"（Czarniawska，2004：5）。最后，生活叙事的真实性。在布鲁纳看来，叙事的"威力"并不依赖于它是否真实。所以，叙事"与事实无关"。这并不是说，事实在叙事中不重要。叙事时除了要考虑是否与事实吻合，还要考虑事实如何在叙事中起作用，如叙事者如何讲述、讲述的社会场景（包括访谈和研究的情境）。

分析框架

本书的主要目标是探究生活、叙事和学习的关系。更具体地说就是，人们如何在叙事中学习并通过叙事学习。正如之前的讨论，我们认为叙事学习不一定是有意识进行的。研究中，只有少数参与者把叙事看作学习过程，而这种想法也并非一开始就有，而是在多次访谈后才出现的。但是，大量数据却显示，参与者确实在叙事中学习，而这种学习也影响着他们的生活，虽然表现形式各不相同。我们对叙事学习的理解经历了几个阶段，而这最后也成为我们理解和分析的框架。我们的分析策略共有两个：一是叙事品质，二是叙事功效。后者又进一步分为叙事的学习潜能和行动潜能。因此，最终的分析框架是叙事品质、从叙事中学习的能力和把这种学习转化为行动的能力。

叙事品质指故事的主要形式和结构。我们界定了五个区分叙事品质的维度。最终分析时，前三个维度在所有案例的分析中都起着核心作用，而后两个只适用于部分案例。第一个维度是叙事强度(Goodson，2010)。叙事强度不仅指叙事的长度，更指叙事的详尽程度和深度。因此，我们把叙事是否详尽作为区分叙事强度的标准。第二个维度是故事更趋向于描述性的还是分析和评价性的，这主要是看讲述者是在描述生活还是在试图对生活(或是生活的某些方面)做出阐释、理解和评价。理解生活(或者更准确地说，从所建构的故事中判断讲述者是否正在积极地理解生活)其实与第三个维度"情节和情节化"相关，即讲述者确立一个或多个框架，并据此来组织他要讲述的生活故事。在有些生活故事里，情节清晰明了；而在更多的故事里，虽然情节不甚清晰，但我们还是能发现一些情节化的痕迹，即在讲述者的生活叙事里有一些组织和结构框架。情节和情节化之所以重要，是因为从中可以看出讲述者是否正在试图理解生活，因此情节和情节化可以被看作学习的证据(虽然讲述者并不一定意识到自己正在理解生活，正在进行着学习)。有些生活故事明显围绕一些关键见解和理解展开；而在另一些故事中，虽然我们能从叙事中挖掘叙述者的主题和框架，但不总是能确定其头脑中是否有一个框架，是不是这个框架。第四个维度是生活故事是根据时间或是主题建构的。我们认为这个区分极其必要，我们也注意到绝大多数叙事是按照时间建构的。据此我们可以推断，生活故事最普遍的类型(至少对当代西方人来说)是以时间为序展开的(见 Czarniaska，2004：5)。第五个维度是叙事的理论化程度，即讲述者是在呈现关于生活和/或自我的理论还是在使用日常语言和见解。需要承认的是，不是所有的生活故事都一定会有这些维度的区别。但是，这五个维度在帮助我们区分生活故事、理解生活故事与学习的关系时最有意义。

叙事功效指的是通过故事和叙事我们能做什么以及做了什么。首先，我们需要对叙事的学习潜能和行动潜能进行区分（见 Tedder and Biesta，2009b）。学习潜能指的是我们如何从叙事中学习，能从叙事中学到什么。行动潜能指的是这种学习如何转化为行动、能在多大程度上转化为行动。学习潜能是叙事学习的核心，它决定了生活叙事以及叙事的过程可以如何，并在多大程度上成为学习的"场所"。从这个意义来看，探讨叙事品质与学习潜能的关系极为重要。在研究之前，我们预测分析和评价性的叙事在学习功效上会超过描述性的叙事，而详尽的叙事又会超过简略的叙事。但是，研究数据却显示，叙事品质和学习潜能的关系比我们的预测要微妙得多。尤其不能忽略的一个事实是：人们有时候会沉浸在叙事中无法自拔，而不是通过叙事产生新的视角并产生新的理解。除了叙事和学习的关系，还有学习和行动的关系，即叙事的行动潜能。其中很重要的一个问题就是叙事的灵活性，即当我们面对生活的改变时，叙事能在多大程度上发挥作用。我们在接下来的章节中会看到，叙事学习可以有效帮助我们实现主观能动性，可以影响并改变我们的生活方式。但是，主观能动性并不等于适应变化中的环境，有时候主观能动性还会通过抵制适应来实现。

本书的样本问题

本书主要呈现和讨论了八位参与者的生活故事。我们认为，细节和连贯性在我们理解生活、叙事与学习的关系时至关重要。为了使读者更充分地了解每一位参与者和他们的生活故事，且限于篇幅，我们仅能呈现部分参与者的生活故事。确定这八个案例并非易事，因为我们有庞大的样本群，并且其他很多案例在我们理解的过程中也起着重要作用。我们最后的选择标准就是这些案例是否能够支撑我们对叙事学习理论的建构。也就是说，我们主要关注那些展现了不同叙事品质及叙事功效的个案。八个案例互相补充，帮助我们形成关于叙事品质、叙事功效相互关系的理解，为我们发展叙事学习理论提供了重要的支撑。我们在最后一章会再次讨论案例选择问题。

/ 第二章　约翰·皮尔 /

前言中提到，将要呈现的八个案例有着不同的叙事品质和功效。它们互相补充，帮助我们建构叙事学习理论。我们要呈现的第一个案例是约翰·皮尔(John Peel)。他的故事叙事强度较弱，以描述为主，分析和评价较少。他的故事给我们的启示是，以描述为主的叙事也具有行动潜能。另外，即使没有太多的叙事和学习，人们也可以生活得幸福而有成就感。

约翰·皮尔的生平

约翰·皮尔于 1927 年出生在英格兰东南部的一个小村庄，父亲是一个农民，有一个姐姐，在家中排行老二。约翰所在镇的小学规模极小，在那里他可以说是接受了个别辅导，因为每个班都不到十个人。但是，对于约翰来说，学校教育只不过是一个附带活动，务农才是他生活和自我意识的中心。过去是，现在是，将来也会是。15 岁时，他从当地高中辍学，约翰说：*"我父母一直知道我会去务农，我也知道。"*

（第二次访谈，2005 年 3 月）对他来说，学校生活只是不太受欢迎的插曲。当谈论到小学生活时，他说：

> "……我并不以此为生。你知道，最主要的事情就是回家干农活。"

（第二次访谈，2005 年 3 月）

当谈论到高中时，他说：

> "我好像稍微上过一下。不过，我的生活真的在乡下，回家干农活，那才是生活。"

（第二次访谈，2005 年 3 月）

> "妈妈总是说，嗯，她会看着我们，因为……车站在那里，农场离车站大概 100 多码①。她总是说，嗯，她看着我从车上下来，一路狂奔，从田野抄近路，就是为了回家换衣服，然后再跑到农场。对，那就是我想做的事情。对，我很幸运。"

（第二次访谈，2005 年 3 月）

约翰 7 岁的时候就已经开始给母牛挤奶了。

---

① 1 码≈0.91 米。

“可以说，我总是跟它们一起。你知道，只要有空，我就会去农场，或者跟父亲在一起，或者跟他的工友们在一起。我想，跟工友们在一起的时间还要更多些。”

（第二次访谈，2005 年 3 月）

约翰 10 岁的时候，农场爆发了口蹄疫，不得不杀了所有的牛。1937 年的圣诞节，农场里没有任何动物。

“我父亲总是说那是最糟糕的圣诞节，你知道，什么动物都没有了。虽然，一个月之后，可能是一月份，也许是吧，我们有了第一头牛，重新买了牛。一说起年轻的时候，我就想起了这件事。看到牛重新回到农场，我们都[咳嗽]太兴奋了。”

（第一次访谈，2005 年 1 月）

他的父亲又买了很多牛，重建了农场。

“是的，这就是我一直很喜欢动物的原因，它们一直是，一直都是农场的一部分，是我的一部分。没有动物，还谈何务农。”

（第一次访谈，2005 年 1 月）

虽然这么喜欢务农，约翰也还是想过要干点儿其他事情。在第二次世界大战的时候，他曾经想过参加海军，但是没有其他人的鼓励，这个想法也只是一闪而过。

"我想，听到这么多关于战争的故事，看到大大小小的战役打响，我们可能都想成为其中一员，很傻吧，但是，当时我就这么想。"

（第二次访谈，2005 年 3 月）

　　但是，约翰继续着他出生时就已写好的"脚本"，因为他得监管农场里的德国和意大利战犯。就这样，他在自家的农场连续工作了 50 年。这期间发生了很多变化，务农的方式发生了改变，他家里参与务农的结构也发生了变化。但是，约翰却延续着他父亲的生活，就像他曾设想过，他的儿子和孙子也会延续这样的生活，不过没有。

　　1990 年，灾难发生了，约翰所在的农场发生了洪灾。

　　"……好多的海水，一半的农场都被淹了。这给我们带来了大麻烦，凡是洪水侵袭的地方，所有的草和农作物都受到严重影响。后来，长话短说，我们不得不向环境部提出索赔。哦，我忘了一开始是向谁提出索赔，反正他们不受理，但是索赔成为我们接下来七年生活的一部分，七年里我们都在为此而战。"

（第一次访谈，2005 年 1 月）

　　正当他觉得困难的时刻过去了，

　　"我们想，好了，生活要回归正轨了，一切都会好起来。确实好了一年，但是，疯牛病爆发了，一切又都完全不一样了。牲畜的价格开始直线下降。还有，务农的方式也不一样了。呃，还有政府，他们的想法也不一样了，好像不太想有不同的农作物，等等。"

（第一次访谈，2005 年 1 月）

随着疯牛病的爆发，

"整个牛肉行业都被摧毁了，这也影响了奶牛业，因为所有，或者说很多牛肉来自奶牛。你知道，前一个，前一个星期你的奶牛还很值钱，可能有一千镑，真的，或者八九百镑。然后，然后下一周它们可能就只值两百镑了。我们之前向银行贷款，买东西也欠下一些贷款，真的，真的是一下子就欠了一屁股债。"

（第一次访谈，2005 年 1 月）

1995 年，

"我们进入这样一个境地：我们不得不决定，我不得不退休，或者说半退休。所以，我们卖了奶牛场和之前所住的农舍，以及一半的农场。"

（第一次访谈，2005 年 1 月）

决定半退休并卖掉农舍和部分的农场之后，约翰不得不最后一次面对奶牛的估价问题。

> "我负责跟他们谈……"
>
> （第二次访谈，2005 年 3 月）

其中的一个估价者是来自新西兰的培训生，因为他的家人也有过类似经历，所以显得很有同情心，这让约翰感觉"稍微好一点儿"。但是，他还是很激动。说到奶牛场卖掉的前一天：

> "……那天，我们把奶牛牵进来，不对，是前一天，拍卖的前一天，因为拍卖那天，我们就不去挤奶了。你知道，拍卖那天就不去挤奶了。但是，之前的那天，唉，我就站在奶牛的旁边，好像就在早上，真的无法迈步。我当时一个人，没人看到我。但我还是觉得，很，非常，激动。对，是的，非常激动。"
>
> （第二次访谈，2005 年 3 月）

> "……虽然我协助他们为拍卖做好了准备，但我从来没有出去过，[咳嗽]拍卖那天，我让儿子全权处理了。人们过来，所有奶牛被卖掉了。但是，我没有出去，我置身事外。"
>
> （第一次访谈，2005 年 1 月）

那天下午，农场之前的主人（约翰从他那里买下土地和农舍，之前，约翰和他的父亲一直都租用他的土地)来看他。

> "给了我一大瓶香槟。[大笑]他说，嗯，这肯定是你人生中最
> 糟糕的一天[大笑]这是……呃……是的，确实是。[停顿]对的。
> "一个时代终结。"
> "是的，但是我们已经从那里继续前进了。"

（第一次访谈，2005 年 1 月）

当约翰讲述农场的拍卖时，我们能感受到他的痛彻心扉，他似乎
也知道自己一定会这样。这种痛苦萦绕在访谈时所在的餐厅里，我们
似乎不是在描述农场的拍卖，而是在讲述一个重要器官的移除。

叙事品质

跟其他参与者相比，约翰的叙事强度很弱。初次访谈时，大概仅
谈了十分钟，他就说"说不下去了"，并要求把录音机关掉。在停顿的
时候，他说讲述自己的生活故事很难，一是因为要用录音机录下来，
二是因为把自己的生活按时间顺序讲给一个陌生人听显得很"假"(按时
间顺序讲述是约翰自己关于访谈的阐释)。另外，停顿之前的讲述仅涉
及约翰生命中很小的一部分——他只讲到了二十多岁，而他现在已经
快八十了。停顿之后，约翰继续讲述他的生活，但还是有点儿不太流
畅，而且描述性内容居多。我们可以说，在讲述的时候他有点儿"不自

在",从中大概可以看出他不太习惯讲述自己的生活,而且也未事先演练要说的内容。

约翰的叙事虽以描述为主,但也有一定的分析和反思。例如,当问及为什么退休后还要继续在农场帮忙时,他说:

> "你知道,我就是那么傻,闲不下来。你知道,人们跟我说不要再这么拼了,但是我觉得很享受,我喜欢跟牛儿们在一起。所以,但是,嗯,我很幸运。我身体健康,我享受跟牛儿们在一起的时光,这就是我生活的一部分。你知道,我失去了一些东西,但还有另外一些东西。生活中发生了一些不太好的事情。但是,我说过,我很健康。"
>
> (第二次访谈,2005 年 3 月)

类似地,当反思他的奶农生涯时,他说:

> "我是说我真的很怀念。虽然,你知道我们现在也有其他动物。但是,奶牛是,[停顿]它们是很特殊的。它们跟其他动物不太一样。我是说你每天都要跟它们接触一两次,挤奶或是别的,你真的会跟它们产生一种特殊的情感。对,是的。[停顿]这种日子一去不复返了。我是说我真的很开心我曾经做过这些事情,做了五十多年。[停顿]是的,一想到把农场卖了,我就觉得很伤心。就是这样。"
>
> (第二次访谈,2005 年 3 月)

很明显，约翰希望奶牛场能在他们家被继续经营下去，先是儿子，然后是孙子。

"……现在我真的看不出哪个孙子想继续务农，他们好像都有其他打算。在当今社会，这确实也可以理解。但是，嗯，你知道我有六个，六个孙子。三个，一个、两个、三个，是的，三个已经成年，一点儿都不想在农场工作。还有，你知道，另外三个还小，还有可能，但你不知道他们长大以后想干什么。"

（第一次访谈，2005 年 1 月）

约翰叙事中最显著的特点是：所有的叙述都围绕着一个核心认同，即关于农民的认同。可以说，关于农民的认同是他叙事的组织框架，或者是他生活故事的情节。但是，与其把这个情节看作约翰理解生活的组织框架，还不如说关于农民的认同在很大程度上就是约翰的生活和他自己。之所以遵循这样的生活，并非约翰被生活束缚住，而是他的自由意愿和主动选择——很显然，他很小就很想成为农民了。

在整个工作生涯中，约翰

"……没有，没有理由去别的地方，我的生活就是围绕着农场和干农活。"

（第一次访谈，2005 年 1 月）

他对所有事情都没有兴趣，除了

> "……干农活和待在乡下。离开学校的时候，我根本没有想过别的可能性。我只想干农活。[停顿]是的，我只想过这些……生活就是干农活。"

> （第一次访谈，2005 年 1 月）

他的整个职业生涯就是围绕着务农。

> "这就是我想做的……从没想过做别的事情。我，我觉得干农活很开心。"

> （第二次访谈，2005 年 3 月）

> "饲养动物，那真的是我最大的兴趣。你知道，就是养养奶牛、照顾照顾动物。对我来说，没有动物的农场真的不叫农场。"

> （第一次访谈，2005 年 1 月）

叙事功效：学习潜能和行动潜能

至于叙事功效，最值得一提的是，约翰非常希望能够忠于自己作为农民的生活。从这个角度来看，他的生活故事就像一个"脚本"，他在依照脚本进行叙事。这并不是说约翰不热爱这个脚本。相反，他对这个脚本非常投入，务农已内化于他的身体里。

那约翰的生活中有没有学习？可能有。当被问及有没有从生活中学习时，约翰回答说：

"……当我还是一个小孩的时候，让我想一想有没有一些[停顿]事情[停顿]突然发生了，使我学习……呃……，不，我想我年轻的时候还是挺幸运的，学习很常规化，也没有发生什么特别的事情让我一下子学到什么。我是在战争中长大的，所以，我想我或多或少学到了些什么。事实上，确实是从生活中学习的。因为，呃……比如，我的朋友在战争中被杀了，我想这些都是学习。通过这些，我知道生活并不一定都是充满快乐的，有时候也会很糟糕。那些时光，真的[停顿]也影响了现在的生活。还有，跟女孩子约会的时候，你也一直在了解他人——其他家庭，跟你想法不一样的人。很明显，结婚以后，你也在学习——关于生活、其他人、孩子，以及你对于孩子的影响……是的，我想，我们一辈子都在学习，你或多或少在了解他人、了解自己……"

（第二次访谈，2005 年 3 月）

约翰有没有通过生活故事从生活中学习？生活故事有没有成为他学习的资源呢？可能不多。约翰确实考虑过另外一种生活和存在的方式，但大多都是回顾性的，而且明显是由我们的问题引发的。

"我希望，我，如果能够回头的话，我希望可以变得更有知识。嗯，可能我希望，我，如果我现在还年轻，我会更努力地学习。你知道，过去干农活就是我的一切。但是，现在[停顿]我想如果有时间的话，我会去尝试，去学习更多的东西。比如，可以去学习跟务农有关的科学知识……我的一个孙女现在是环境、食品与农业部的一个研究员，我也不是嫉妒她，她有机会到处出差……我是说，她只有二十二三岁，就已经拿到本科学位了，在环境、食品与农业部有一份好工作，做牛犊方面的研究。所以，她得到英格兰西部各种各样的农场去，她还去苏格兰参加过一个研究项目……她只在那里待了三四天，带着自己的论文，跟别人解释正在做的研究。她还要去西班牙，也是跟论文有关。我挺崇拜她的，我，嗯，我希望能有她的大脑，能做那样的事情……"

（第二次访谈，2005 年 3 月）

我们可以说约翰忠于他的脚本，而不是被脚本束缚。一方面，在很大程度上，他的脚本极其适用于他所处的情境，因此也就没有太多改变的理由。这个脚本非常适合约翰行动的特殊"生态"（见 Biesta and Tedder，2006，2007）——这是一个具有较强延续性和稳固性的生态。在地理学上，他在农场生活了大半辈子，只在半退休后才搬到几英里①外的地方。在社会学上，他拥有较为稳定的社会地位。精神上，

———————————

① 1 英里≈1.61 千米。

他的生活在 1995 年夏天之前并无太大起落，虽然局外人可能觉得他在经济上并不稳定——他只是一个在经济大萧条(经济大萧条严重影响了英国农民的生活)前出生的农民的儿子，雇用了几个帮工，谈不上困难或贫穷，就是农场上普通的生活状态，他们自己觉得满足和安定。没有搬走的压力或是逃离的愿望，为什么约翰需要选择不一样的生活？他从 7 岁就开始学习务农(说不定从出生就开始在不知不觉中学习)，想成一个农民，最后也成了一个农民。生活就这样发生了，约翰可以很好地应对、改变、调整。是的，不必耗尽精力重新规划。简单地说，约翰的世界就是务农。他的家庭和帮工给予他这个脚本，在形形色色的工作中，他接受并寻找了这个脚本。

只有当生活的生态平衡开始改变时，约翰的脚本和生活才出现矛盾。从君子协议到市场交换，世界在发生着改变。这彻底改变了约翰的生活，但他却尝试忠于原来的脚本。充分的证据显示，约翰试图忽视这种改变，延续过去的生活。他理想的世界是握手和点头表示君子间的协定。在他人生中的大多数时间，这样的情况确实存在。但是，市场出现了，土地经纪人出现了，所有这些都在一夜之间改变了，只留下约翰无所适从、漂移不定。他与生俱来的脚本显得多余，但是，他又不太擅长改变脚本，因为已经习惯了遵循脚本。这个脚本他已经遵循了大半辈子，而且一直都很适用。

前言已提及，我们并不想评判任何参与者。我们只对他们讲述的故事感兴趣，只关注他们在故事里做的事情，通过故事做的事情，以及这些故事对他们的学习和行动的影响。我们并没有说，人们一定要讲述生活故事，也不一定要从生活中学习，或者通过学习去改变行为方式。我们更没有说，只有叙事和学习才能带来美满幸福、有成就感的生活。记住这些，对我们总结约翰的生活很有必要。通过约翰的叙事，我们有三点发现：首先，叙事在约翰的生活中并不重要。我们相信，清晨，当约翰带着他的狗、开着他的路虎在山坡上驰骋，而周围都是牛群时，他的内心一定充满了幸福感。其次，很明显农民这个脚本一直伴随着他的生活(曾经想成为农民，现在是一个农民)。这个脚本对他很适用，他生活的情境给他提供了很强的主观能动性。但是，当情境开始改变时，他的生活故事只给了他很小的通过叙事改变的资源(他很难通过叙事去改变生活)。这显示：叙事的脚本性越强，灵活性就越弱。最后，我们在前言中把生活叙事比作一种工具。约翰的案例显示了，一个"强有力"的工具既是一种优势，也是一种劣势。比如，这个工具可能只适用于某种任务和情境。

/ 第三章　玛丽·塔科 /

第二个要分析的案例是玛丽·塔科(Marie Tuck)。从 2004 年 12 月到 2007 年 2 月，我们对玛丽·塔科共进行了七次访谈。从整体而言，她的叙事以描述为主、以时间为序。有趣的是，随着时间的推移，她的讲述开始改变，分析和反思逐渐增多。可以说，在研究进程中，玛丽开始用不同的方式使用生活故事。这也是本案例在探究叙事学习理论时的独特价值：在熟悉体裁和实践后，人们可以通过生活叙事这个"工具"实现更多。另外，随着叙事品质的变化，叙事潜能也会相应改变。

玛丽·塔科的生平

玛丽·塔科居住在英格兰西南部的一个工业村。初次访谈在我们取得联系的小学进行，之后在她家进行。她的房子是一个排屋，显然经过了精心维护。初次访谈时，玛丽三十五六岁，比丈夫年轻许多。他们共有两个孩子，大女儿六岁，小儿子两岁。玛丽的丈夫有一些建筑方面的证书，经常在不同的工地干活，孩子主要由玛丽照顾。

玛丽在附近的一个村庄出生和长大，有一个姐姐，她的父亲是一名工程公司的电工和装配工，母亲是一名护士。在她的印象中，上学还是挺快乐的。虽然跟姐姐相比，她的学习成绩一般，16 岁拿到高中毕业证后就离开学校了，但玛丽与父亲的关系很亲密，她还说自己是个假小子，不太喜欢学习：

> "我会出去在泥地里挖洞，喜欢去小屋帮助爸爸。我想造房子、爬树、玩泥巴，做各种类似的事情，而不是坐下来学习。"
>
> （第一次访谈，2004 年 12 月）

玛丽 22 岁时，父亲去世——他四十五六岁中风，接下来的九年一直身体不好，最终因大脑出血而英年早逝。

玛丽向我们罗列了她毕业后做过的各种工作。第一份工作是参与一个青年培训实习项目，跟着一个刚开始创业的妇女做香蒜酱生意。后来，公司搬到威尔士，她也不得不跟着过去并帮助建立工厂。但是，很快她就开始想家并辞职回家。她总结说，自己的内心还是渴望乡村生活的。接下来的几年，她在建筑工地干活，一开始给一群修路工做做饭、泡泡茶，同时也负责交房之前的小修小补。

> "后来，我跟着一个道班工作，好像是一个爱尔兰道班……有一天，我正在酒吧，有人在找厨师，他们管这个叫管家婆。每次，

他们都会在一个地方待上几个星期，少的时候 7 个人，多的时候可能 14 个，我的工作就是照顾他们的饮食起居，给他们做做饭、泡泡茶，有时候还要忍受他们的脏话。但是，我［大笑］我喜欢这些事情……我也会到道路上，给他们搭把手。我就是在壕沟里遇见我老公的。碰见他时，我正在壕沟里，手里拿着一把大铲子。"

（第一次访谈，2004 年 12 月）

玛丽的丈夫以前住在伦敦，因为参加了一个玛丽所谓的"自行车俱乐部"，有时候会到西南部来。他比玛丽大 17 岁，之前跟别人交往过并育有两个女儿，她们只比玛丽小几岁。开始交往以后，玛丽一度搬到伦敦，并在一个酒吧工作，收集水果机上的钱。有几年，这对情侣社交活跃，主要是泡吧和参与自行车俱乐部的活动。但是，29 岁时，玛丽怀孕了，他们决定改变过去的生活方式，过更为传统的生活。因此，孩子出生没多久他们便结婚并按揭买了一套房子。第一胎是一个女儿，四年后，儿子也出生了。

对于这次人生转折，玛丽反思道：

"其实，（自行车）俱乐部已经解散，他也不太参加活动了。所以，这次转折让我们觉得有点儿不太自在，可以说是哀伤地告别这种生活。你知道，这件事情他做了三十年，我也做了十来年。真的，这种感觉很奇怪。一瞬间这件事跟我们没关系了。"

（第一次访谈，2004 年 12 月）

玛丽想不起来具体什么时候做的决定，她说虽然生活并不稳定，但他们这么多年过得很快乐：

> "我也不太清楚什么时候做了这个决定。[我们]决定不再像以前那样生活了……现在，我老公经常去钓鱼，而不是骑车。[大笑]所以，这确实是一个生活的改变，真的，你知道，从住在酒吧到，嗯，想给孩子提供最好的一切以及打理房子。"

（第一次访谈，2004 年 12 月）

从访谈数据来看，2005 年，玛丽把主要精力放在家庭生活上。她的故事也主要围绕着作为母亲和家庭主妇的生活。比如，与女儿所在的小学打交道、支持孩子的学习。她在一个业余识字课程学了一年，就是为了学习如何更好地照料孩子。玛丽也积极地参与村里的活动，帮助打理小学的花园和回收项目。她还是当地亲子班委员会的主席。

玛丽也告诉我们，她正在应对女儿行为上的一些问题，这让她想起自己小时候也很叛逆。由此可以看出，身为母亲所面临的挑战似乎让她重新检视和评价自己年轻时候的行为。她说她管不好女儿。

> "我知道我父母希望我有正确的价值观和良好的品德……但有一段时间，我还是特别调皮。我想，这就是为什么我想把这些东西灌输到我女儿的脑海里，这样她就能好好表现了。其实，她也

不算太坏。她既没有离家出走，也没有，嗯，也没有跟我胡闹。"

（第一次访谈，2004 年 12 月）

玛丽有点自责自己对母亲的态度——她说，"我希望没有让她受到那么多煎熬"。虽然她觉得自己能从那段经历学到一些东西，但是当问到具体学到什么时，她说她觉得生活中有些事情本来就是这样：

> "我想我学到了这一点：不好好跟父母相处是不对的。但是，你又不能跟一个小孩儿解释那么多，对吧？除非到我这样的年龄，否则他们是不会明白这一点的。然后他们会开始跟我道歉，就像我现在做的……但是，我经常听到女儿说一些我过去经常说的话，'不，我不做，我就不做，就这样'。过去我也这么对母亲说。"

（第一次访谈，2004 年 12 月）

玛丽同时也在应对儿子的问题。在好几次访谈中，她都讲到了对儿子语言发展的焦虑，她找了不同的人想要寻找一个可靠的诊断和治疗方案。

> "所以，我只想赶紧有个诊断和治疗方案，越快越好。因为，这真的，真的让我感觉太茫然了。你知道，我想，我想，我想有人能来看看我儿子，解决他的问题。就现在！"

（第二次访谈，2005 年 5 月）

她正在试图通过健康顾问和医生更快地获得进一步的诊断和治疗，但按正常程序还要再等五个月左右。玛丽担心儿子会有语言发展障碍，又苦于没法找人快速解决这一问题。后来，因为健康顾问改变了某项做法，她变得更加沮丧。她觉得她没法再指望定期随访来确保儿子的健康，相反，她更倾向于遇到问题时能直接跟健康顾问联系。

除了照顾孩子，玛丽也提到了她所从事的各种工作，有些是有偿的，另一些则是义务的。显然，玛丽从之前的工作中学到很多技能，她也通过各种渠道学习新的技能，如园艺、制造堆肥和回收。玛丽说她很想从事垃圾回收方面的工作。她甚至有一个公共服务车辆驾驶员证，猎头曾经找她为当地的公交车公司开校车。

但是，似乎玛丽本人并不觉得自己多才多艺。相反，她为没能找到一个最合适的职业而感到遗憾。

> "[我]妈妈总是说，'总有一天你会找到适合自己的工作。'你知道，或者是，'是的，你不管做什么，总能做得很好'，或者是，'如果你能找到适合自己的职业，我会，我会很开心，你知道，你喜欢做的，擅长做的工作'……我就是想，不管哪里，总得有个工作让我做吧。"

（第二次访谈，2005 年 5 月）

玛丽还提到了丈夫经常出差的影响。有一天，她在酒吧与人闲聊，那个人甚至以为她是单亲妈妈———一个她特别不愿意留给别人的印象。

"我正在酒吧……跟一个仅有点头之交的人聊天……我在这里住了六年，刚搬过来不久就结婚了，还有，你知道，我跟我老公已经在一起13年了，她甚至以为我是个单身母亲……我并不是说单身母亲有什么不好，但是我，你知道，我很开心我不是一个单身母亲。还有，嗯，因为这事，我在想其他人是不是也这么以为，他们是不是也觉得我是个单身母亲。"

（第四次访谈，2005 年 11 月）

2006 年，很明显玛丽一家在经济上出了问题，某种程度上是因为她丈夫工作上出了问题——建筑执照需要定期更新，但他没钱去更新所有的执照。这样，他的工作选择和报酬都会很少。

"每次（执照）到期了，你就得付全额的费用去更新。还有，嗯，一个星期不能上班，要在那里接受培训。这简直太暴利了，这真的是，嗯……付钱去工作，对吧？……嗯，现在他手里很多执照都过期了，因为我们没钱去更新所有的执照。比如，他有一个柴油加油车执照，可以给大机器加油……还有其他很多执照……但是，现在，他只能在工地上跑来跑去，做一些无聊透顶的工作，浑身脏兮兮的。"

（第五次访谈，2006 年 6 月）

为了更好地照顾孩子，玛丽已经连续几个月没有去开校车了。但是，她的理想是开卡车，而且看上去决心特别大：

> "有人跟我说，'哦，没有一个货运公司会雇用你，你一天只能工作这么几小时，你知道，都是十小时一班。'我总是说，'好吧，再说吧，嗐，走着瞧，走着瞧。有志者，事竟成。'我总是说，'创造一个工作，说服别人雇你去做'。[大笑]我现在正在研究这条理论，但是它还没有奏效。"

（第五次访谈，2006 年 6 月）

同时，玛丽也在找兼职以贴补家用。比如，给村里人打扫房子、熨衣服。好几次访谈中，她都提到等儿子再大一些，她会去找一份工资更高的工作。回收也做得更勤了，她说她学会了做一份"废料桶老鼠"——带一堆东西去回收中心，带更多的东西回家，或是做"垃圾场密友"——帮别人修补他们想要回收的东西。因为回收上的兴趣，玛丽最后在当地一家权威的回收中心找到了心仪的兼职。

因为经济问题的加剧，玛丽和丈夫的关系也变得越发紧张。他住在家里，有时候帮别人干活，有时候自己接点活。玛丽觉得很沮丧，因为他每个工作都坚持不了多久，在家务上也很少帮忙。第五次和第六次访谈时，虽然玛丽可能还想维系这段婚姻，但已信心大降。她觉得他们的关系缺少合作和互惠。她也很恼怒，丈夫总是需要不断要求才会去做事情：

"我发现……这让我觉得他不在乎我、不尊重我……我想的都是家庭，以及他们的所想所需。我希望他也能考虑考虑我的感受，这并不过分。我理解，男人跟女人想的可能不一样。但是你知道，我们在一起都15年了，他应该知道我在想什么。"

（第六次访谈，2006年9月）

倒数第二次访谈时，玛丽因为骨折走不了路，这让情况变得更糟：

"我已经哭了两个星期，不好意思，[流泪]但是，我，我太沮丧了。你知道，我的车就停在那里，可我哪儿都去不了，谁也见不了……这几周实在太难熬了。他还是照样出去——周末，他自己去钓鱼了，留下我一个人在家带孩子。是的，我来带孩子，我来应付一切。我也希望他能放松一下，希望他有，嗯，自己的爱好……但我就是觉得这不公平。"

（第六次访谈，2006年9月）

玛丽希望能够营造一个传统的美好的家——体贴的丈夫、听话的孩子、温馨的家。但是，她的努力没有成功。从她的讲述中可以看出，她丈夫的收入不够稳定，也不能带给她安定的感觉。她尝试去兼职以贴补家用，但丈夫又不能支持她的工作。在这种情况下，换一种生活方式去独立生活变得越来越有吸引力。既然她可以独立照顾孩子，没有丈夫的羁绊，也许还能享受一些婚前所拥有的自由和友谊。第六次访谈时，这种可能性变得非常明显。

最后一次访谈时，玛丽说她一年前开始跟别人约会。她想要离婚，重获自由。关于和丈夫的关系，她说：

> "那段时间，我真的感觉自己快要死了，快要死了……嗯，我觉得我正在被慢慢扼杀……我妈妈前几天跟我说，……她说，'你在摇头。你说，妈妈，他让生活变得糟糕透顶'。这就是我那时候的感觉，日渐消沉。"
>
> （第七次访谈，2007 年 2 月）

而对于新的恋情，她也没有长期维持的打算：

> "［他］只是达到目的的手段，你知道……我不会从一个火坑跳到另外一个火坑……我就是这样的人，'好，听着，我到过那里，做过那事。我是有两个孩子的单身母亲，我很独立，可以一个人生活，不需要你，也不需要其他任何人。不需要你，不需要其他任何人'……这感觉真是太棒了。跟你说，现在想想都觉得开心。"
>
> （第七次访谈，2007 年 2 月）

在她关于离婚的故事里，有一丝自豪，也有伤感与幽默：

> "太开心了，我居然离婚了。你知道我什么时候跟他说的吗？

大年夜……新年钟声敲响的时候，我都懒得抱一下谁、亲一下谁，更不用说我老公了，连'新年快乐'我都懒得说。我们坐在不同的房间，我喝着洋葱汤，看着电视里的烟花。然后，他走了进来。这感觉真的很奇怪，因为他对于接下来要发生的事一无所知。你知道吗？他进来了，还把一个玩具爆竹弄到我碗里。"

（第七次访谈，2007 年 2 月）

几个月后，我们得知玛丽和她的丈夫已经卖掉了房子。玛丽和孩子们租住在另外一个村子里，她的丈夫也已向法院申请离婚，只是离婚进展得并不顺利。

叙事品质

玛丽的叙事中有一个有趣的现象：研究初期以描述为主，但是，随着研究的进展，分析和反思性叙事逐渐变强。可以说，她的叙事品质随着时间的推移发生了显著改变。后期访谈中，她重新回顾了一些生活事件并深化了自己的讲述和理解，尤其是那些困扰她的事件，以及她采取的或即将采取的行动，而这些行动改变了或即将改变她的生活。玛丽的叙事风格之所以发生改变，一方面可能是因为她逐渐习惯访谈以及访谈提供了让她谈论和反思生活的机会；另一方面可能是在研究进展过程中，她的生活凑巧发生了一个重要转变，她正好需要对生活进行反思。

初次访谈时，玛丽显得有些局促。随着研究的进行，她逐渐变得放松，也更加坦诚和健谈。她习惯用第一人称讲述，她的讲述主要是即兴(未加演练)的。跟其他一些参与者相比，她在讲述时没有使用重建对话的技术。

叙事品质的转折始于情节的出现，即玛丽想拥有自由，并希望控制自己的生活。这越来越成为玛丽叙事中的核心主题和组织原则。其中最主要的转变就是她与丈夫关系的变化以及她对于过去自行车手生活方式的追忆。情节不仅为她的生活故事提供了结构和连贯性，同时引导着她的讲述，指引着她的生活。就这样，学习、认同和能动在玛丽的生活叙事中结合起来。

在玛丽的叙事中，辩解的成分较多。很明显，她试图为所有做过的事情做出合理的解释，想要说明一些在外人看来很奇怪的事情(如在道班工作、成为自行车手)，但事实上这些事情跟她想要的生活方式完全吻合。一次，在讨论与丈夫不断恶化的关系时，玛丽解释说他早就开始准备了，这也成为她接下来行动的理由。

"我觉得他又做了一些准备，又有一些新进展，往自己想要的方向走。他一直都在准备，但我以前从没想过这些事情。现在孩子稍微大了一点儿了，在孩子……之前，我还没有做好准备……你知道，我还没做好结束的准备。我冷静一点儿了。我有孩子，我知道孰轻孰重，我知道什么事情先做。但之后呢？我仍然，我仍然想要一点儿乐子。你知道，我还是喜欢以前做的那些事情。"

（第五次访谈，2006 年 6 月）

　　玛丽很少运用学术性的框架进行分析。例如，她很少在政治或历史的语境下进一步阐释她的故事。但是，她对于控制自己生活的强烈愿望看上去极具理想主义色彩。从玛丽的故事中，我们可以看出她年轻时对性别和阶级规范的反抗，这种反抗一直延续到她成为母亲后：

　　"社会上总是有这样那样的期待：你是一个母亲，你应该怎样怎样。所以，你知道吧？我有时候是个有点儿疯狂的母亲。没什么不好的，没什么不好的。我是一个母亲，我更是一个人。最近，我对这事挺反感的。我觉得，好像当别人让你不要去做某件事情时，你可能更想去做，对吧？当别人非要你去做时，你只是不想让他们失望[大笑]。"

（第五次访谈，2006 年 6 月）

叙事功效：学习潜能和行动潜能

　　当问及叙事带来了何种学习和行动机会时，玛丽对访谈的价值表示认可，她认为访谈使她有机会"客观化"经历、感受和关于生活的观点，使她有机会对生活和自我进行思考。用她自己的话说，访谈使她

"探索自我"，虽然她无法具体说明访谈如何帮助她"探索自我"。

> "坦率地说，非常有趣。真的。确实，它让你思考、追问，自我追问……挺长一段时间了，我都在探索生活中的很多事情。可能，我想，[停顿]认识你的这段时间，可能是我最……我不知道这对我是否有帮助。但是，对，不对，好长一段时间我都在探索我自己，探索一切的一切。"

（第七次访谈，2007 年 2 月）

除了访谈，玛丽还有其他机会来"探索自我"。她经常跟一群女性朋友聊天，她们的小孩年龄相仿。

> "昨晚，我和 M 聊了很久，说说家长里短，分析分析各种问题，确实很有帮助，真的有帮助……我觉得自己跟别人很不一样，好像别人都跟我不一样，跟 M……还有我的好朋友 K……，都不一样。但是，到底什么地方不一样？还有，为什么不一样？"

（第七次访谈，2007 年 2 月）

之前提过，叙事品质随着时间的推移而改变，叙事功效也同样发生着变化。叙事的分析和反思性越强，叙事的功效也越强。前四次访谈以描述为主，玛丽详细讲述了她作为一个积极的妻子、母亲和主妇的经历，讲述了她如何兼职以贴补家用，以及她的志愿者经历。但是，从第五次访谈开始，她讲述了很多从生活中学到的事情，尤其是对于自我以及与他人关系的认识。她意识到她是一个想要独立，想要摆脱男性束缚的人。她也意识到自由的意义和代价。当提到如何重获自由时，她的讲述里有自豪，也有伤感。这个情节越来越成为玛丽叙事的组织原则，也逐渐成为她生活的组织原则。

尽管如此，跟其他很多参与者的叙事相比，玛丽的叙事仍是以描述为主。虽然后期的叙事中也有分析和反思，但其他一些参与者进行了更为深入的自我剖析，并在此过程中形成了新的自我理解方式。在前一个案例中，约翰·皮尔的叙事也是以描述为主的。不同的是，玛丽的叙事"正在建构"——她的叙事没有固定"脚本"，而是在叙事的同时进行反思。所以，玛丽和约翰的区别在于叙事的灵活性，而非分析的深度，这使得玛丽能够更好地利用叙事去应对改变的情境。一方面因为叙事的灵活性，另一方面因为叙事与改变同时发生，玛丽的叙事不仅成为反思和学习的"场所"，这种反思和学习还影响着她的行动和能动。

我们无法承认，是我们的问题使玛丽对生活日趋不满，但是访谈的问题似乎正好是她对自己的生活进行探索的问题。她所做的最大的决定就是变成单身母亲。生活的艰辛以及丈夫对生活的消极态度使她憧憬新的生活：

"我真的受不了了，太痛苦了……我也不知道，所有的东西都是负面的。我真的，我真的受不了了。还有，我，我也没法把他拉出来……我希望能够重新开始，又不要有什么负罪感[大笑]。我等不了了，我太期待新的生活了，你知道吗？我以前没意识到这一点，现在我想明白了，'不，天哪，我不能这样。我无法想象再这样生活下去。我不想过得这么糟糕，生活不一定要……'我是一个很快乐的人，总的来说，是这样的。我真的，我真的要跟他一起完蛋了。"

（第七次访谈，2007 年 2 月）

关于新的生活，她说：

"真的，真的有点儿奇怪，我好像对自己分析过……我曾经在一个奇怪的地方，我并不是太清楚在哪里，但是我已经走出来了……我得到了我想要的。好了，完成了，结束了……从现在开始……我，我会自己去解决一切，不需要依靠别人。"

（第七次访谈，2007 年 2 月）

对于玛丽来说，叙事日益成为她反思和行动的有用"工具"。正是这个工具的灵活性和即时性(如她的故事是演化的，而不是固定的；跟生活中正在发生的事情密切相关；逐渐围绕着情节进行组织)使得玛丽得以从叙事中学习，并且把学习转换为行动。

/ 第四章　玛吉·霍尔曼 /

　　与前两位参与者不同，玛吉·霍尔曼(Maggie Holman)的叙事强度很高，她所讲述的生活故事详尽、复杂、周密。虽然她的故事中有判断的成分，但分析和反思性仍较弱。此外，大多数参与者在讲述时遵循以时间为序的方式，而玛吉的叙事则以主题为序。这些特殊之处(如缺少时间线索和顺序性，复杂却缺少反思)为我们窥探叙事学习的复杂性和多样性提供了重要窗口。

玛吉·霍尔曼的生平

　　玛吉·霍尔曼可以说是学会了家庭生活的艺术人，我们可以从她的故事中看出她是如何努力平衡艺术的冲动与照顾家庭的需要的。玛吉尤为爱好美术和音乐，本科学的是美术学，曾从事商业绘画十余年。虽然结婚后也继续从事摄影和创意工艺品制作，但已把主要精力放在照顾孩子和她那在音乐上小有成就的丈夫身上。

　　从 2004 年 11 月到 2007 年 1 月，我们对玛吉共进行了 7 次访谈，每次延续一个半小时到两小时不等。所有访谈都在她家里进行，这是一个半独立的维多利亚式房子，非常干净、整洁，有一个精心维护的小花园。从访谈的房间可以看出，她家的装饰以经济实用为主，家具和各种日用品都比较简朴，书架上放着几本小说和大量参考书，电视机也比较小，房间里还放着一个录像机。玛吉的艺术情感和品味从墙上所挂的画可见一斑，其中一些水彩画非常精美，还有一些是她和父亲的原创画。她的丈夫也在家教人钢琴，访谈时我们偶尔能听到他专业的歌声。

玛吉很善于表达，在前三次访谈时很投入，也乐于讲述自己的生活。但是，随着访谈的推进，她开始怀疑访谈的目的。最后一次访谈结束，她如释重负，并表示再也不想重复这样的经历：

> "我再也不要做这样的事情了。呃，我已经做过了。还有，在某种程度上，这就像打扫、整理、扔掉。那可能非常有用。但是，一次就够了，不用再做一遍。"

（第七次访谈，2007 年 1 月）

2004 年 11 月初次访谈的时候，玛吉 49 岁。她出生在英格兰西南部一个偏远的地方。在她父亲的家庭里，有人务农，也有人在银行工作。在玛吉眼中，她父亲颇有艺术家情怀，在尝试了好几份工作后，最终找到适合自己的职业，成为个体图片成帧员。玛吉认为，这份工作非常适合他"一丝不苟"的工作作风。后来，他遇到了玛吉的母亲，一个"以老式严厉作风闻名的、小孩子们都惧怕的"(第一次访谈，2004年11月)小学老师。玛吉还有一个哥哥。

玛吉关于童年最早的回忆就是对于颜色的着魔：

> "刚开始学走路的时候，有一次摔倒，把膝盖弄伤了。像别的小孩一样，我开始大喊大叫。然后，我低头一看，看到了血，明亮的红色的血。我居然不哭了，完全安静下来，然后说：'哦，这颜色好可爱。'我的母亲用一块手帕帮我擦拭伤口，手帕也变得红红的，我还恳求她让我保管这块手帕。"
>
> （第二次访谈，2005年3月）

玛吉在她母亲任教的小学上学。但是，因为艺术方面的爱好，她没法在那里找到归属感。在她看来，这是一个乡下的学校，学生主要来自工人阶级家庭，而她却来自中产阶级家庭，还带着中产阶级口音。尽管她跟别的学生一样，都出生在这里、属于这里，但她总是被别的小孩找碴儿、嘲笑。同时，玛吉也觉得：

> "我太自大了……没法跟别的孩子交朋友，他们连字母表都不认识。他们总在沙坑里玩，还总向我扔沙子，我怕他们……我躲在一个角落里……当他们跑来跑去的时候，我就在那里画画、涂色。"
>
> （第一次访谈，2004年11月）

小学毕业，玛吉顺利通过小升初考试，进了一个女修道会学校，还得了一笔奖学金。她把这一切归功于数学考得好。玛吉的妈妈很开心，因为她觉得修道会学校的女孩会更有礼貌，但玛吉却对这段学习经历不屑一顾：

> "除了成为护士或老师，我们学校并不鼓励或培养任何其他的兴趣爱好，因为这是一个女校，女人不应该有自己的事业，不应该做一些学术性比较强的工作。"
>
> （第一次访谈，2004 年 11 月）

　　她说修女们没怎么挖掘她音乐和艺术方面的潜能，因为学校"**对一些事情有一些非常死板的观点**"（第三次访谈，2005 年 4 月）。她继续在学校特立独行："我们班其他女孩子都喜欢马，可能就我不喜欢，所以，我没有一个朋友。"（第三次访谈，2005 年 4 月）高中毕业以后，玛吉在当地一个艺术学校读预科。对于这段求学经历，她说：

> "太棒了。在以前那个死气沉沉的学校待了七年，现在就像呼吸到了新鲜空气一样……刚入学的前半年，我觉得我的人生从来没有这么快乐过。"
>
> （第一次访谈，2004 年 11 月）

　　上完预科以后，她去了一个艺术学院读大学，学校离家 100 英里左右。至于为什么离开家乡去攻读美术学，玛吉说这并不完全是她自己的主意。她能回忆起一些去那所艺术学校的合理解释。比如，她第一次看见那个学校的时候是一个阳光明媚的日子。又如，她不喜欢另外一个艺术学院的海报。去艺术学院上学的决定没有太多争议，但让玛吉和家人纠结的是学什么专业：

"肯定会从事艺术方面的工作，但我们真没想过具体是什么。我父亲很希望我能在艺术方面有所造诣，因为……他有一些自己未竟的梦想，他没能去成艺术学校，因为他的家人觉得艺术是不靠谱的、女里女气的……他希望我能去，去帮他实现他没有实现的梦想……我想，主要的问题不是'她以后做什么'，而是'她要做哪方面的艺术，艺术史，博物馆修复，图片装帧，商业艺术，美术学，还是其他的。'不管怎样，反正就是艺术。"

（第四次访谈，2005 年 10 月）

当地艺术学校的导师建议她再好好考虑一下，因为美术学并不以职业为导向。多年之后，她觉得这个建议"事实上非常合理"。但是，当时，家里一个朋友的建议看来更被认可：

"我爸爸的另外一个朋友，……嗯，说，'胡说八道！你应该去学美术学，如果你想学，那就去学'。然后，我开始美化我自己，觉得我需要，需要成为一名画家，就像维多利亚式情节剧一样，这就是我想做的……所以，这就是我关于生活的解决方案，嗯，构建了一个象牙塔，为我自己构建了一个迷人的公主形象。"

（第五次访谈，2006 年 5 月）

回过头去看，玛吉说她希望自己当初选择的是平面设计。但是，那个时候她对自己和所学专业缺少了解，所以也无从进行选择：

"刚去艺术学院的时候，我不知道自己居然对字样和刻字这么感兴趣，这么热爱，我也根本想不到自己居然会从事这方面的工作。如果当初学了平面设计，可能一切都不一样了。"

（第四次访谈，2005 年 10 月）

所以，玛吉学了四年的美术学，在她看来那是个"非常肤浅和奇怪的氛围"（第一次访谈，2004 年 11 月）。她甚至都快要后悔了，"我们有全额的资助，但是我们混了四年……我太不成熟了，没有充分地利用那些"（第一次访谈，2004 年 11 月）。她欣赏学校给予的绘画方面的空间和氛围，但是对教学和课程设置并不完全认可：

"但是，整个体系非常慵懒和模糊，完全是放养……也不太教我们怎么画画，老师总是说'你得有自己的声音，这就是你拿画笔的方式'。"

（第二次访谈，2005 年 3 月）

除了学习，我们也谈到了她作为一个 20 世纪 70 年代大学生的独特经历。她觉得自己对于独立生活完全没有准备："生活技能！我很迷茫，我什么都不会。"（第二次访谈，2005 年 3 月）她讲到了住学生宿舍的经历——在那个年代，男生和女生分开居住，有独立的门厅和宿舍。作为一个从女修道会学校毕业的女孩，玛吉觉得在 70 年代的艺术学院上学还是很有挑战性的：

> "在那几年，我做了一些非常愚蠢的事情，我妈妈对大多数事情都一无所知……父母好像总是对儿子和女儿有不同的行为准则，我很讨厌这一点。"
>
> （第二次访谈，2005 年 3 月）

上大二的时候，玛吉感觉自己安定下来了，也尝试去做一些有益的事情，为附近的屋顶、烟囱、小巷作画。这段经历成了玛吉生活的转折点，她开始获得作为艺术家和成人所需要的知识、技能和态度。

> "我在那里待了四年……第一年就是在闲晃，不知道要做什么。我想这也不能算是浪费时间，因为你需要时间去厘清自己的想法，找到自己的方向……我得补上小时候没做过的一些事情，在思想上成熟起来，在人际交往上增加一些经验，同时好好想想我到底想成为怎样的艺术家。"
>
> （第三次访谈，2005 年 4 月）

在艺术学校上预科的时候，玛吉在镇上的一家文具店找到了一份工作。一开始只是周六上班，最后变成全职，主要向当地人销售美术用品。之后，她又成为同一家公司的个体平面设计师，工作了几年。除此之外，她还为旅馆和招待所画广告册。为了给餐馆和咖啡厅制作菜单，玛吉自学了书法。在没有计算机的年代，她学会了用纸、牛胶、铅笔和三角板进行"剪切和粘贴"。为当地公司制作广告册时，她学会了手工处理照片上的文字。销售拉突雷塞印字传输系统(Letraset)时，她熟悉了字体。她还从雇主那里学会了如何开具发票以及同不愿付款的顾客打交道。因为之前完全没有这些方面的训练，在工作过程中，玛吉不得不从头学习平面艺术和商业方面的技能。但是，因为还在学习阶段，并且缺少正式的证书，她的发展受到了限制：

> "我发现商业化的一面非常非常难，我讨厌对我所做的事情收费……我觉得没有做过任何事，没有任何职业证书对我非常不利。我的专业是美术学，从根本上来说，我感觉自己就像是个冒牌货。"

> （第三次访谈，2005 年 4 月）

在做平面设计师的同时，玛吉日趋对合唱感兴趣，并在合唱团遇见她的丈夫。三十多岁的时候，两人结婚，随后生了两个男孩。玛吉的生活过渡到一个新的阶段，生活重心从工作转移到丈夫、丈夫的工作、儿子以及儿子的教育上。

玛吉继续发展设计方面的能力，但是没有再进行商业上的设计，而是为合唱团的音乐会设计海报并制作节目单。她仍然是当地合唱团的活跃成员，社交也主要围绕合唱团展开。同时，她也把艺术才华用在家里，如用钩针编织毛毯和窗帘。她曾经短暂涉足商业绘画，但是市场行情并不好。初次访谈时，玛吉的话语中还流露出一丝不能更好展现美术才能的懊悔：

　　　　"我再也没有机会成为画家了，因为我……实在是太忙了，要照顾这么多人，要尽这么多职责。我得接送孩子，其他小孩要到我家来学音乐，还有钢琴的噪音，太多事情了。"

　　　　　　　　　　　　　　　　　　（第一次访谈，2004 年 11 月）

　　除此之外，还有身体上的局限——玛吉说她再也没法像学生时代那样画那些华丽繁复的画了(她家还有一些以前的样品)。除此之外，她也没有一大段完整的时间来完成这样的作品。

　　在这样的情况下，玛吉不太想重新做一个职业平面设计师，但她还是希望有一份自己的工作：

　　　　"有时候，一想到我只是个家庭主妇，一个干杂活的人，我就感觉非常不舒服……大多数像我这样的人都出去工作了……我心底的某个部分真的很想有份兼职工作，可以……在电脑上做一些平面设计方面的工作，也可以为某个印刷厂工作。如果那样的话，我真的会很开心。"

（第三次访谈，2005 年 4 月）

玛吉把大多数时间花在了料理家务上：支持丈夫、带小孩。在研究进展期间，玛吉的父亲和一个叔叔去世了，所以她对于家庭问题的感触可能比往常要深。同时，她还需要照料年迈且身体逐渐衰弱的婆婆。她评论了婆婆身上发生的变化：

"一个这么苛刻、固执的人，完全[叹气]要你付出很多耐心和时间的人，突然间这么温顺，感觉真的很奇怪。这让你觉得恐惧，这可能，嗯，我宁愿她把精气神找回来。"

（第五次访谈，2006 年 5 月）

她设法找到了应对的策略：

"你得继续做，因为你得做，没有其他选择。事情在那里，它是你的，你不用再想。当事情摆在你面前的时候，你得去做，你可能还会拥有一些过去自己想不到的技能和资源。"

（第五次访谈，2006 年 5 月）

玛吉近期的兴趣是学习电脑。在 2000 年 5 月买下第一台电脑之前，她参加了一个计算机课程，学习微软 Publisher。之后她又买了一台苹果电脑。期间她参加了一些正式的计算机培训：参加计算机使用和信息技术初级课程，学习 Word，Excel，Access 等基本软件；参加了商业标准专业设计软件 QUARK 课程。同时，她还用苹果电脑自学了 Adobe InDesign 以及一些其他的平面设计软件。

玛吉用计算机处理一系列的事情：网上银行、她和她丈夫的电子邮件、扫描照片、寻找和下载字体、为合唱团设计音乐会的节目单、搜索信息、储存她丈夫的账务和学生的考试成绩。她儿子也可以用电脑作曲、学习音乐理论、做家庭作业、寻找材料、撰写报告。玛吉承认她在电脑上花了很多时间，苦笑着说：

> "你在学着处理一个问题，但如果你没有电脑，这个问题可能就不需要处理了。"

> （第三次访谈，2005 年 4 月）

她兴高采烈地描述自己在数码摄影方面渐长的兴趣。她买了一个数码相机，拍了成百上千张照片。从某种方面来说，摄影成了绘画的替代品：摄影的成果是即时的——可以马上在电脑上看到和处理。但是，有时候，摄影又让她有了重新作画的念头。她惆怅地总结道：

> "[学校的]车道非常美，下雨的时候，你开着车，透过湿漉漉的车窗，眼前是充满了水墨印象派的绿色和彩色的花。嗯，真的太美了。嗯，我太想做点儿什么了，而不仅仅是拍拍照片。昨天，

我走到了阁楼，时隔这么久，又有了重新开始画画的冲动。但是，我确信，我画不了多久。"

（第五次访谈，2006 年 5 月）

叙事品质

玛吉善于言辞又受过良好教育，对于不同的访谈问题，她的回答方式也不尽相同，因此很难对她的故事做出简单归类。当讲到个人经历(如度假、与丈夫和儿子们一起做的事情)时，她的故事是描述性的，对细节的描述往往非常详细。在被要求对早期经历进行反思时，她的回答经常是批判性的。她批判年轻时的自己过于自命不凡、荒唐或愚蠢。同样，她对母校的评价往往也是负面的，如女修道会学校和大学。自我贬低的倾向在她关于当下生活的故事中延续，她说现在的生活枯燥而又平凡，她总是提及自己的失败和能力不足。从中我们可以看出，玛吉在评价自己的生活故事。但是，她却很少同情她讲述到的人，也没有去尝试理解其他人或是年轻时的自己。换句话说，反思并没有带来同情和理解。因此，我们可以说，一方面，因为叙事的长度、细节和复杂性，玛吉的故事有着较高的叙事强度；另一方面，她的故事是描述性和评价性的，并不完全是反思性的。换句话说，玛吉很难在叙事中、通过叙事学习。

相比较而言，玛吉更倾向于"主题式的"(而非以时间为序的)叙事风格，一开始就声称自己对"颜色"感兴趣。初次访谈时，玛吉首先提到的就是颜色对她的重要性：

> "我一直想要做一些跟颜色有关的事情……小时候，我总在地板上玩各种颜色的衣服夹子……逛艺术品店或文具店时，我会流连于一排排的颜料、彩色毡尖笔和五颜六色的薄页纸间……我想把它们都买下来。"
>
> （第一次访谈，2004 年 11 月）

玛吉关于求学经历的讲述中有一个核心的主题：想成为艺术家。这一想法从中小学延续到艺术学院，一直到最终获得美术学学位。但是，回头看时，玛吉为缺少特定的训练以致不能靠艺术谋生而后悔。做平面设计师时，书法和商业方面的知识和技能都是自学的，而非通过正式教育获得。虽然艺术家的身份认同是玛吉讲述中的重要主题，但组织她叙事的情节却与一个关键转折点更为相关，即当她停止成为专业平面艺术家的尝试，转而想成为妻子和母亲时。我们在之后的访谈中获悉更多内情：为了实现转变，她与交往很久的前男友分手，去上小学教师教育课程，后来很快就跟一个通过合唱团认识的人结婚了。因此，故事情节就变成了从一个艺术家转变为妻子和母亲。玛吉本人也意识到了这个情节，因为她评价自己是一个没有方向的平面设计艺术家，而结婚为她的生活带来了新的目的。

玛吉的叙事中有一个有趣的方面：她能把各种知识嫁接到故事中，

使故事（更加）有意义。这样看来，我们可以说在某种程度上她的叙事是理论化的。我们可以说这种方法是辩解性质的，因为她总是不断对年轻时的自己、对现在的无能进行自我批判，而她似乎也在故事中为自己做出了解释。我们发现她的见解主要来源于三方面的知识：第一，跟其他很多参与者相比，玛吉对她们家早一辈的故事更为熟悉，并且运用这种知识来追溯自己的成长和生活。第二，她能够运用艺术的知识和感觉来反思生活。第三，她阅读了一些通俗心理学著作（如亚斯伯格症候群），这成为她自我分析的工具。

玛吉知道很多关于她父母和祖父母的生活，包括他们的出身以及他们生活中的重要事件，并在叙事中运用这些知识。在她的描述下，她的家人们个性分明，甚至有点古怪。例如，她的外婆来自威尔士，家中有十一个姐妹，其中三个嫁给神职人员。外公是教区首席神父，但在 1925 年就去世了，留下一个寡妇和两个年幼的孩子。他们不得不离开宽敞的教区长住宅，搬到几英里外的一个小镇上，房子也很小。孩子们似乎以为周围的设施都是自己的：

> "因为［他们的房子］与公园接壤，他们以为公园是自己的……所以，他们就像哨兵一样站在公园的两个大门旁，妈妈一个门，妈妈的哥哥另外一个门，不让别的小孩进去玩……他们极端无礼，我觉得这两个小孩完全被宠坏了，最后他们被打发了到寄宿学校。"

> （第二次访谈，2005 年 3 月）

玛吉的母亲于 1919 年出生，1990 年去世，她说"这个女人特别特别晚生小孩，我们还很小的时候，祖父母就已经很老了。"她觉得她母亲是一个"久远时代的小孩"，这帮助她解释了为什么作为一个六七十年代成长起来的青年人，她并没有过多接触那个时代的流行文化。玛吉认为这种知识对于生存其实是必要的："你得像个街头潮人。"(第二次访谈，2005 年 3 月)就这样，玛吉用故事来解释母亲的"恃才傲物"，并且用故事去理解自己的童年生活。

关于艺术才能的发展，玛吉讲到了上预科时家乡一位老师给她的灵感：

"她在自己家里画油画……她的房子非常现代，院子在房子的正中间。房子是正方形的，中间有一个洞……这个洞非常非常特殊，钢管、塑料、干净、现代……她有大大的油画布，分成了一小块一小块，一格又一格的颜色，她说这是天空的颜色……她对白色非常着迷，非常非常浅浅的绿，几乎就跟白色差不多，非常非常浅浅的粉红，它们的轮廓非常分明，她的油画布就是这样……但她让我看白色……对我来说，颜色总是闪亮的、鲜艳的、小孩子气的。突然间，颜色变得微妙而有趣。"

(第一次访谈，2004 年 11 月)

从这个故事可以看出，玛吉从经历中学习，但是她的学习是通过参与和观察，而非(认知上的)反思获得的。

关于对亚斯伯格症候群的理解，玛吉说她在第一次访谈前不久读过《深夜小狗神秘事件》(*The Curious Incident of the Dog in the Night-time*)。她觉得自己小时候"可能是一个非常奇怪的人"。根据她的阅读，她判断自己可能有一些亚斯伯格症，她评价自己为"**自我中心，没有办法从他人的角度看问题**"（第一次访谈，2004 年 11 月）。在之后的一次访谈中，她再次用亚斯伯格症来解释早年的生活：她能回忆起一些痴迷的行为，她自我中心并缺乏社交能力，她有创新兴趣并擅长数学和通灵。这些"症状"被统合到她关于自我的理解里，她把自己看作一个克服了"轻微"亚斯伯格症的人。她学会了如何应对自己的不同寻常，所以这些特点不再给她带来麻烦：

> "我的症状很轻微，我克服了很多……你得学会这样表现，你逐渐意识到人们希望你这样表现，你得学会与人进行眼神交流……我记得我曾经非常，我十来岁的时候就非常不善于交际，跟人交流的时候非常笨拙。我得学着跟人交往，这对别人来说是再自然不过的事情。"

（第六次访谈，2006 年 9 月）

叙事功效：学习潜能和行动潜能

至于叙事功效，玛吉觉得很难从叙事中学习。这从她参与研究的方式和对访谈的评论可见一斑。研究刚开始时，玛吉非常享受访谈的过程，对访谈文本也很感兴趣。第二次访谈之前，她阅读了第一次访谈的文本，对文本提出了修改建议，并用电子邮件把修改好的版本发给我们，她甚至说有兴趣回顾访谈录音。但是，最后一次访谈时，玛吉说她对参与研究的过程不满意，因为觉得自己没有更好地准备访谈，也没有像计划的那样做访谈日志。参与访谈的新奇感消失了。至于访谈的文本，玛吉说她讨厌句法和拼写上的错误，以及一些她觉得自己都不会用的词汇和停顿。她觉得访谈文本简直长得令人难以置信：

> "慢慢地就不再那么新奇了。[大笑]我想有时候我在[停顿]我可能在想我到底说到哪儿了。我很希望我讲的东西对你有用，然后又觉得，就这些东西，能有什么用呢，尤其是这个。呃，我讲的东西确实没有紧紧围绕着我如何学习，事实上，连学习都没讲到。"
>
> （第七次访谈，2007 年 1 月）

从中可以看出，玛吉认为她没有在叙事中或是通过阅读自己的故事学习。但是，转录文本却显示，在再次谈论一些生活故事时，她的见解(或者她选择跟我们分享的见解)往往变得更加深刻。而玛吉则不这样认为，她觉得这再一次印证了自己的生活是如此"无聊不堪"。

> "事实上，我没有上过什么正式课程……如果我上过，一周一

周的，把在学校上过的事情记录下，嗯，[停顿]应该会非常有用。我是说，如果你没有做，没有进行任何正式的学习，一切都非常无聊，我感觉它就是强调了我的生活真的很无聊。"

（第七次访谈，2007 年 1 月）

访谈数据显示，通过访谈，她实现了对于早期生活的"闭合"。她感激反思的机会，但是，她不想再回到过去，不想重复访谈的过程。有一次谈论到叙事带来的学习时，她发现了一个有趣的观点，她说这有点儿像做梦，一个必要的但是转瞬即逝的整理生平事件的方式：

"你有没有觉得这有点儿像做梦？这是一种整理的方式，重温一下那些困扰你的事情，整理它。睡觉的时候，大脑也在整理。睡醒的时候，你可能记得自己的梦，也有可能完全忘了。嗯，如果你记得，你仔细回忆，然后想'我到底梦到什么了？'……但是，是你的大脑在整理、重温一些事情，然后再整理，可能只是在整理昨天的事情。大脑中有一个档案柜，你把这些事情装在里面。"

（第七次访谈，2007 年 1 月）

总而言之，玛吉能够详细讲述自己的生活，但是，叙事并非她学习的"场所"。我们之前也提过，玛吉对生活做出评价，却很少对生活进行反思，很少追问行动与结果、理由和动机、主题和情节。在第二章中，我们看到约翰·皮尔也很少进行叙事学习，主要是因为他的叙事有着较强的脚本，灵活性较小。但是，玛吉的叙事并没有太强的脚本，为何不能带来叙事学习呢？一个很大的可能性是她的叙事，也可以说她的思维，没有按照叙事的方式运作。她的故事并非以时间为序，也并非概念化(第一章中，我们已详述布鲁纳所区分的逻辑—科学范式和叙事—认知范式)。玛吉的叙事似乎呈现了第三种可能性：除了布鲁纳的类别体系，还有一种图像化的认知。玛吉用"图像"进行谈论，也在很大程度上用"图像"进行思考。这就解释了为什么她的讲述充满了细节和复杂性，但缺少顺序性。这也解释了为什么她的故事更倾向于"主题式"而非以时间为序。玛吉能够"放大"和"缩小"——就像她正在描绘自己的人生——但是她的描写并不能充当故事。因此，玛吉的故事经常缺少反思，而这是序列式叙述的基本特点。同时，玛吉在叙事时经常评判，这可能也是因为她叙述中的图像式特点。通过图像式叙述，她可以很快抓住"格式塔"，抓住描述的重点，并对此进行评判，她还可以评判部分和整体的关系，但是她却不能感知这些关系如何运作。例如，随着时间的推移如何发生变化？这就是为什么玛吉的案例对本书如此重要，它有助于我们进一步了解叙事学习的复杂性，也让我们看到了叙事作为学习形式、场所或过程的局限。

/ 第五章　第欧根尼/

第欧根尼(Diogenes)，一个居住在雅典大街上的乞丐，崇尚极度贫穷的生活。据说，他住在一个大木桶里，而不是一个房子里，白天他都会打着灯笼在街上"寻找诚实的人"。他最终在科林斯湾定居，继续追求"犬儒式"自给自足的生活：他认为除了必须满足自然的需要，其他的任何东西，包括社会生活和文化生活，都是不自然的、无足轻重的。他认为美德是通过行动而非理论彰显的。因此，他的一生都致力于揭露与批判传统的标准和信条的虚伪性。

(维基百科，2009 年 2 月 24 日)

我们的一个受访者把第欧根尼选作他的化名。第欧根尼在一个无家可归者救助站工作。初次见面时，他是一个无家可归者旅馆的门卫，访谈就在那个旅馆进行。第二年，他 60 岁，被临时调派去管理一个日间照顾中心，工作单位离家 25 英里左右。2006 年，他在救助站的工作从临时转为永久，每天开车从家里赶往单位上班。其余六次访谈均在救助站进行。第欧根尼是一个健谈的受访者，每次访谈往往能持续 2小时之久。他滔滔不绝地谈论自己的工作，我们的访谈也因此记录下他因工作变化而带来的生活常规变化。第欧根尼的故事叙事性极强，有着较多分析和评价。同时，跟其他很多参与者不同，他在讲述时非常小心地控制和引导着叙事，并明显区分了公共自我和私人自我。

第欧根尼的生平

第欧根尼于 1945 年出生。他的父亲是一个法裔商人，第二次世界大战服役后留在英格兰生活。他出生于伦敦，但是在英格兰东南部的一些小镇生活过。第欧根尼上过一段时间的天主教学校，老师是耶稣会会士。他上学时特别热衷于历史和考古等科目。他参观过肯辛顿一些著名的博物馆，年轻时的理想是成为一名考古学家。他上过文法学校，还是校飞行训练团的成员。20 世纪 60 年代，第欧根尼高中毕业，考上一所红砖大学，学习历史和哲学，大学毕业后去军队服役。他评论了刚被废除的兵役制度，他觉得，对他这样教育和背景的人来说服兵役是顺理成章的事情，是自然而然的职业选择。他用讽刺的语调描述了决定去军队服役的过程：

"现在该做什么？我知道我肯定会去军队……我以前觉得我肯定会加入空军，我会去开飞机。但是，很不幸，我戴眼镜，飞不了，好了。所以，我又想我得跟军队的人谈谈……嗯，不是有一个情报处吗？听上去很有趣，他们到底做什么？应该是成天围坐在一起分析各种各样的杂志吧，尤其是俄国的坦克。他们还会到处旅游、收集情报。对，……嗯，……为什么不？好，那就试试吧。"

（第一次访谈，2004 年 11 月）

加入情报处以后，他很快就被派往国外。但是，在 20 世纪 60 年代，可以想象他被派往的就是那些正在经历政治动荡和暴乱的地方。第欧根尼回忆了他在婆罗洲丛林中和亚丁街道上恐怖的经历以及他的一些职责：

"……小伙子们射杀了一些印度尼西亚人，我们就拿出相机拍照，摁一下他们的指纹，带走他们的文件和徽章，在他们穿着制服的身上砍几刀。然后，真的很难闻，然后……嗯，……还有，有一段时间更可怕，他们想……嗯……想要尸体……追踪达雅克人，他们有一个简单的解决办法，就是把手和头砍下来装进袋子里，因为摁指纹的时候只需要这些东西。"

（第二次访谈，2005 年 5 月）

在亚丁期间，偶尔也有暴力：

"事情变得有点下作……还有，嗯，有一个老太太，手里拿着一捆柴火，跛着脚走路……一个 18 岁的士兵向她的头上射了一发子弹，就是因为无聊了。他杀了一个出去捡柴火的老人，但不会被处分，所有的人都懒得管。在那个年代，没有人会管，你都不知道子弹是从哪里进来的……我想，如果我检举他，我可能也会被打死，因为大家都互相攻击。"

（第二次访谈，2005 年 5 月）

官方也对此类事件保持沉默，所以第欧根尼没法把这些事情告诉家人：

"没有人想知道，所以大家也都心照不宣了。'那么，亲爱的，你去过哪里？''嗯，……婆罗洲。''哦，真好。婆罗洲怎么样？''哦，非常好。事实上，母亲，你知道，那里的蝴蝶很大，红猩猩在树林中窜来窜去，还有……嗯，……太多奇妙的动植物了。'你知道。'那不会……？''哦，不，当然不危险。事实上，不，我们玩得非常痛快。太棒了。'唉，你能告诉母亲什么呢？你在砍别人的手和脚、把人家的头和手割下来？当然不，当然不会。"

（第二次访谈，2005 年 5 月）

回过头去看，第欧根尼说他当初宁愿选择海外志愿者服务，也不愿再选服兵役。他批判了自己接受过的学校教育，认为它们不能为真实世界做好准备。服兵役的一个结果是：第欧根尼意识到世界应该是不同的。残暴的战争让他厌恶，国家在战争上投入如此之多，却无暇顾及无家可归的人；有些人家财万贯，而另一些人却一贫如洗。

为了实现为全人类服务的理念，在军队服役三年后，第欧根尼去了南非从事志愿者服务。从南非回来后，两件事情影响了他的生活轨迹。其中之一就是他发现之前交往过的一个女人有了他的孩子：

> "那是一个什么样的年代？我想，在那个时代，每个人都应该做正派的事情……[停顿]我们交往过，然后我就去非洲了，然后……我们相处得很愉快，但我根本没想过结婚……她从没给我写过信，没用任何方式告诉我。基本上，我们，也就是我给她寄了几张漂亮的明信片，一些礼物，嗯，当你……然后，嗯，'哦，这小孩是谁？'嗯，'哦，其实他是你儿子！'"

> (第六次访谈，2006 年 12 月)

第欧根尼做了"正派的事情"，与这个女人结婚了，之后又生了两个孩子。第二件影响他人生轨迹的事情就是偶然知道伦敦无家可归者的真实处境，这也成为他生命的转折点，从此他决定致力于帮助无家可归者。1972 年，因为一个有精神分裂症的熟人被从公寓中赶出来，他去了伦敦的一个夜间收容所，发现有很多无家可归者需要帮助，他的反应是立即帮助他们：

> "我想可能有人会说这是'通往大马士革之路'。不管怎样，我想，'好，你们需要帮助'。对，是需要帮助。'好，那你可以什么

时候开始?'然后我就说,'我该把夹克衫挂在哪里?'"

(第一次访谈,2004 年 11 月)

挂夹克衫这个动作是第欧根尼叙事中非常重要的一部分。两年后,他又一次用类似的方式重新讲述了这个故事,细节更为详尽:

> "然后我就问,'嗯,这个工作看上去很有意义,你们需要人手吗?'他们说,'嗯,是的,你感兴趣?''对啊,是的。'我回答道。他们就问我,'你可以什么时候开始工作?'我说,'我该把夹克衫挂在哪里?'就这样。我就是这样开始工作的。"

(第六次访谈,2006 年 12 月)

介绍完为何开始帮助无家可归者后,第欧根尼讲到了他的工作环境。他还讲到了 20 世纪 70 年代初参与西蒙社区,见到了创始人安东兄弟。他们是慈善模范,一直激励着他投身慈善事业。他还讲述了作为一个新员工,他是如何观察他人工作,了解他们对待顾客的方法,学习他们说话的方式以及解决问题的方法的。

> "很明显,这些人有一大堆的问题。然后你就想,'哦,天哪,我该做些什么?'然后,你就会注意到其他员工,他们是怎么接近这些人的,是怎么跟他们打交道的,他们怎么说,他们的同情心。然后你就想,'嗯,就应该这么做',或者是,'不,我不会这么

说，也不会这么做'。但是，他们这么做也许就能起作用。因为，人和人是不一样的。"

（第三次访谈，2005 年 6 月）

第欧根尼把文学和媒体资源看作自身文化结构的一部分。比如，他提到了《凯西回家》(*Cathy Come Home*) 等电视剧对他的影响。他还讲到了 70 年代在伦敦街头跟恋童癖者、妓女和受虐待儿童接触的故事。他提到了一个年仅 11 岁，却在国王十字火车站(King's Cross)做妓女的小女孩，他们的谈话如下：

"'怎么搞的？你怎么会在伦敦做这种事情?''唔，在伦敦做这种事情，至少人家还付钱给我，总比在家好，我继父从来不付我钱。''你难道没想过告诉你妈妈?''我想我妈根本不想听，她根本不愿意相信我。'所以，你知道，她不再是一个小孩子。就这样，我总是接触到这种事情。"

（第三次访谈，2005 年 6 月）

从刚入行开始，第欧根尼就不得不隔三岔五动用各种资源和策略去应对一些难对付的情境。例如，刚开始工作时，有一次，他得独自照看四十个醉酒的人，因为正式员工都去酒吧给一个离职员工举行告别会了：

"我在照看四十个醉醺醺的人，他们大多数是爱尔兰人。天哪，我心想，'嗯，对，我相信我行的，肯定行。'嗯，不得不行啊。就这样，'好，伙计们，现在做什么？''到饭点了。'然后我就发现，'哦，混账东西，饭都没做！好吧，我们有什么？我想今天就吃炖菜吧。'然后，'好，有人愿意来厨房帮个忙吗？我们一起做饭，还有，呃……如果你能把碗拿出来，把刀叉拿出来，我来做饭。麻烦你拿一下煮锅，在面包上涂点黄油。'所以，你得当机立断……干这些活的时候，你还得跟他们聊天，这样才能消除隔阂。然后，你和四十个人坐在一起，你很快会发现烟没了。但是，还能怎么着？"

（第七次访谈，2007 年 6 月）

在好几次访谈中，第欧根尼都讲到了他过去在伦敦的工作。他知道，他所接触的很多人都处在犯罪边缘。他也知道，有人会进行毒品交易，也有人会制作未成年女孩的色情电影。他还知道，那个时候有些警察很腐败。

80 年代，第欧根尼去他上过大学的地方工作。他帮助成立了几个流动厨房，并帮助运营一个无家可归者日间照顾中心。他也曾跟一个左翼政客一起参与政治方面的活动，这人后来成为一名议员。他回忆起俩人一起到处贴小广告，反对福克兰战争(Falkland War)：

"事实上，有一个是我设计的。嗯，一个英国士兵，狙击手的枪口正瞄准他……阿根廷人用来……嗯……用来保卫福克兰的很多武器，是从英国买的。所以，我只是做了一个简单的……嗯……标语——'昨天，我们输送了武器，今天我们输送了靶子。'这并不是什么好作品，但是，……嗯，……它言简意赅，很有效。"

（第五次访谈，2006 年 7 月）

80 年代末，第欧根尼一家搬到英格兰西南部。他的妻子得了不治之症，搬家后不到几个月便去世了，留下他独自抚养三个孩子。这段时间，他在另一个无家可归者旅馆找到工作，这家旅馆由一些基督教志愿者经营，他在同一家慈善机构工作了很多年。

在他最近的工作中，作为无家可归者旅馆的门卫和日间照顾中心的经理，他不得不每天面对精神病患者、酗酒者、吸食毒品者，以及无家可归者提出的各种要求。他遇见了形形色色的觉得自己被社会抛弃的人，并采用了各种方法帮助他们。有时候，他的帮助能让他们重新找回生活的目的，而有的时候，他的帮助只是让他们觉得，社会上还有人关心他们。

从这些故事中，可以看出在跟无家可归者打交道时，第欧根尼有一个独特的思考社会、政治问题的框架：

"我不会把他们混为一谈说，这群吸食海洛因的人，或者，这群，你知道，这群吸食摇头丸的人，或者，这群混蛋……你看见的只是，弗雷德、乔、玛丽，或者，任何一个人，对吧？所以，你不得不做出判断，但你不评价他们。"

（第三次访谈，2005 年 6 月）

他跟慈善机构的同事一起寻找针对每个人的具体解决办法，但是他不认为这些处境是个人因素。相反，他把无家可归归咎于历史背景中的经济和社会状况。但是，他所碰到的问题似乎多得难以预料：

"事实上，我们确实能改变一些人。但是，这，这就像，你知道，这根本就是九牛一毛。你知道，止水于坝。处理完这个，又来两个，那边还有……你感觉，我不知道，就像那些拓荒的老祖宗。你知道，他们把车拉成一圈，那些印第安人，一圈一圈地骑马，事实上……每个到这里来的人都有问题。"

（第五次访谈，2006 年 7 月）

在参与研究期间，第欧根尼同意了工作调动，从旅馆门卫转到同一家慈善机构的日间照顾中心做经理。同意调动工作主要基于两点考虑：第一，他在新的位置上能继续同无家可归者直接接触；第二，新工作使他能重温当初在夜间收容所工作的那份感觉——"我把来这里工作看作回归我很多很多年前投身这项事业的初衷，我的初衷就是在夜间收容所、活动中心、日间照顾中心等地方工作"（第三次访谈，2005年 6 月）。

在一次访谈中，我们问第欧根尼，他能够这么好地控制自己的生活，是否觉得自己是一个快乐或满足的人？但是，他回答道：

> "我是一个非常不快乐、极度愤怒的人。事实上，事实上我想，很多人应该都这样……你知道，忙碌了一天，我问自己，我到底在做什么？都已经2006年了，我还在为一群无家可归的人工作？都已经2006年了，为什么还有无家可归的人？为什么还有人在大街上游荡，不能照顾自己？"

（第五次访谈，2006 年 7 月）

最后一次访谈时，我们问第欧根尼，他的故事和身份认同之间有什么联系？换句话说，他的叙事在多大程度上创造了第欧根尼这个形象？第欧根尼讲述了经历带给他的改变，其中很重要的一点是他的政治观点越发愤世嫉俗。他讲到了一系列的影响，提到了这么多年影响他的形形色色的人，在此过程中反复提及对个体差异性的关注：

> "[长时间停顿]我想，第欧根尼这个形象是历经这么多年由成千上万的人塑造而成的。嗯，我做过的工作，一起共事过的人，学习经历[停顿]我是说过去这三十多年一直是，一直是学习的过程……嗯……，……嗯……一天又一天，一年又一年。你可能会碰到两个酗酒的人，两个吸毒的人，两个有其他问题的人。他们有，有共同的问题。但是，每个人都是不一样的。他们有自己的

生活经历，自己的故事，[停顿]所以，我们不应该把他们混为一谈，简单地说，'那是一群酗酒的人，那是一群吸食海洛因的人，那是一群其他什么人'。他们就是弗雷德、哈里、比尔、乔治、麦克、尼克拉、特雷西和[停顿]我想，情况就是，[停顿]站在我眼前的就是这个人，这个人酗酒，好，他有这个问题，别人也有这个问题，但是他就是他，不是别人。"

（第七次访谈，2007 年 6 月）

叙事品质

第欧根尼故事中的叙事品质很强，他所讲述的故事不仅详尽，还充满着分析和评价。对第欧根尼来说，谈论生活显得既容易又艰难。例如，第一次访谈延续了五十分钟，前二十分钟时，第欧根尼不停顿地讲述了他们旅馆的背景和运营情况。很明显，他的叙述是经过充分演练的——他在过去经常谈论旅馆以及资助它的慈善团体的情况。对于工作，他总是侃侃而谈；对于生活，他却很少主动提及。后六次访谈每次持续两小时左右，第欧根尼讲述了早期的生活以及现在的工作。在这些叙事里，大多数是他在慈善机构如何帮助无家可归者的公共叙事，而个人生活的私人叙事却很少涉及。对我们来说，私人叙事对于理解公共叙事却极为重要。

第欧根尼的叙事更偏向于主题式而非以时间为序。虽然通过进一步询问及重构，我们能建构他的生平，但是，很明显第欧根尼更愿意（而且也能够）长篇讲述他职业角色中的各种话题，对于其他一些话题却很少触及。他很少谈及家庭，也觉得这些东西毫不相关。他从 1991 年开始就是一个鳏夫，但他却很少说起在这种处境下自己的感受。

不言而喻，第欧根尼所讲述的只是自己的部分经历，他有选择地讲述了生活的某些片段，保留了其他部分。他也很清楚自己在进行着这样的选择。在一次访谈接近尾声时，我们问第欧根尼是否还有问题："你知道，我期待你裸露你的灵魂……我就坐在这里听着。"但是，第欧根尼说他并没有打算"裸露自己的灵魂"。他认可我们的谈话已经超越日常谈话的范畴，但强调他不会在访谈时触及生活中的某些方面。

> "我说的一些事情可能不会出现在正常的谈话中……嗯……，还有……嗯，……当你从这个门走出去的时候，我们的谈话就会被归档、封存。对，但是，裸露我的灵魂，不，我没有打算裸露我的灵魂。不，不，哦，不。"

（第二次访谈，2005 年 5 月）

第欧根尼既能用日常的，也能用学术的话语来谈论自己的经历。他多次提及历史事件，尤其是第二次世界大战，他习惯于在社会—历史背景中理解自己的经历。他会在访谈时引用文学作品，如《加缪和萨特》(Camus and Sartre)。他也引用媒介资源，认为它们是文化环境的组成部分。例如，他曾提及《凯西回家了》等电视剧的影响。从这个角度来看，第欧根尼呈现的是理论化的生活。从分析和评价的深度来看，第欧根尼从叙事中学习——批判性的政治立场正是个人经历和理论学习的结果，他运用这个工具去理解世界和他所从事的工作。

第欧根尼叙事的重要情节，即他讲述生活故事的组织原则，是帮助无家可归的人寻求一个更为公平正义的社会。他进入他所工作的行业有一个关键的决定——"脱掉夹克衫"，从这里可以看出他突然意识到这是一个造福社会的机会，它对第欧根尼、他妻子和孩子的生活产生了直接影响，也间接影响了成千上万无家可归的人。也可以说，这个决定彰显了那个时期特殊的文化社会结构所塑造的人们的社会关怀情结。第欧根尼继续努力的目标是希望社会能够更好地理解无家可归的人。他每天都会面对这些问题，他人对这些问题的漠视让人感到愤怒；他期盼一个公正、仁爱的社会，而这个社会却迟迟没有到来，这更加剧了他的愤怒。

叙事功效：学习潜能和行动潜能

第欧根尼生动地讲述了他是如何进入救助无家可归者这个行业的，如何提升职业技能以及跟不同顾客打交道。我们之前也已看到，他经常使用一问一答式的复述以及重构与他人的谈话来进行自我的内部讨论。

"有些时候，你真的想说，'好，你吸毒，所以你喜欢吸毒？'

'呃……过去是，但现在不了。''好，所以，你现在想做点什么吗？你想戒毒吗？''嗯……，去哪里戒毒？''那好，你可以去一个能帮助你戒毒的旅馆……'"

（第三次访谈，2005 年 6 月）

　　虽然第欧根尼经常用对话的形式讲述故事，但他并不像其他一些受访者那样采用第一人称叙事。在所有的访谈中，有一个贯穿始终的主题——他希望社会更好地了解无家可归者的生存状况。他是故事的主角，有着清晰的意识和认同，其他人不过是过客，他们出现的目的只是为了证明第欧根尼的信念。比如，跟无家可归者打交道时，你需要关注他们的个别需求。但是，第欧根尼很少详细讲述这个人是谁。对他来说，这只是一个需要个别化帮助的人。

　　第欧根尼的故事往往精心设计，甚至有着戏剧化的结构。比如，有一次讲到他作为他人导师的职责时，唤起了他在一家旅馆和夜间收容所的经历：

　　"这让我想起在伦敦时的一件事……呃……，一个非常非常聪明的女孩，嗯，是一个跟我工作的志愿者。早上八点，我不得不，呃，去宿舍叫醒一些家伙。呃，那里有十六个人。呃，十三个人起床了，还有三个再也没起来。这三个人睡着睡着就死了。嗯，我说，'唉，太令人伤心了，他们不年轻，不过至少他们没死在大街上，至少他们在温暖的房间里去世。'然后，你猜怎么着，我一抬头，发现她已经走了。"

（第七次访谈，2007 年 6 月）

　　第欧根尼的叙事对他的自我理解非常重要，从这个角度来看，可以说是叙事学习的证据。但是，我们很难确定，这种学习是由参与我们的访谈带来的，还是过去叙事的结果？从转录文本来看，有些故事是精心演练过的，他在不同的场合使用过类似的意象和措辞。比如，当讲述到如何进入帮助无家可归者这一行业时，他用了"把衣服挂起来"这个意象；当强调应关注无家可归者的个人需求时，他使用到了一系列的化名。可能他在其他场合也讲述过类似的故事。整体而言，第欧根尼在访谈时讲述的故事是封闭的，而非开放的。叙事产生的学习为第欧根尼的生活带来足够的灵活性，使他能够在不同的工作间自由转换。但是，他并没有为了实现这种转换而去重构关于自己的故事。从这方面来讲，他的叙事跟很多其他参与者的叙事存在显著差异。第九章将要讨论的拉塞尔·杰克逊(Russell Jackson)跟第欧根尼有些相似。他们的故事情节或多或少已经完结，这些情节在他们分析、评价和讲述生活时发挥着核心作用。而在第六章，我们则会看到另一位参与者克里斯托弗 (Christopher)的故事是开放的、正在进行的。但是，第欧根尼与拉塞尔的不同之处在于，从情节来看，拉塞尔还在进行持续学习，而第欧根尼的学习则已经完成。他已经下了结论，结论也已成为"真实"的一部分。在这方面，可能第欧根尼与约翰·皮尔更为相似。不同的是，约翰所"生活"的"脚本"是现成的，第欧根尼的脚本则

第五章　第欧根尼 | 083

明显是他叙事活动的成果。

从第欧根尼的故事可以看出，他是一个理想主义者，虽然我们不太明白他理想的动力和源泉，以及为什么这个理想对他如此重要。一个可能性就是他早期的教育以及在天主教学校的求学经历。可能第欧根尼对于出身所带来的便利之处感到不安，而他的整个职业生涯都在努力消除这种不安。从他对于部队服役经历的生动描述可以看出，这些经历持续而充分地影响着他对于世界的理解。从他的故事可以看出，他反对粗暴的民族主义，反对通过战争解决国际争端。六十年代服兵役以及海外志愿者服务经历帮助他实现了这一理念，而这些经历又进一步塑造了他的价值观。70 年代至今，他的社会理想主义情结在参与激进政治活动以及救助无家可归者中得到释放。

我们还可以追溯影响第欧根尼世界观的另一些源头。他反对伊拉克战争，反对殖民主义，同情土著居民，认为他们是现代战争最主要的受害者。他讨厌暴力以及任何形式的武力崇拜。同时，他也理解和同情处于这一境地的人们。这些年来，他所帮助的人中就有一些人生活在军队服役所带来的创伤中，他尤其同情这些人。可以说，第欧根尼有一个成熟的世界观，这个世界观影响了他的社会政治思想，同时他也用这个世界观来解释和辩解自己目前的角色。

应该说，第欧根尼在生活中学到了很多技能，也在进行着叙事学习。他的叙事方式经常是对话式的或是疑问式的片段，这可能有助于他对经历进行反思，并从中学习。但是，我们的感觉是这种学习都发生在过去，目前他并未进行太多的叙事学习。他的知识和技能足以让他胜任日常事务，即使到新的环境后，他也能顺利应对。但是，尽管到了一个新环境，第欧根尼似乎并没有进行"新的"学习。这使我们不得不思考第欧根尼叙事学习中的行动潜能。可能他关于生活的决定跟他讲述生活的方式正好吻合：他讲述的公共故事已经结束，而非正在进行。在这些故事中，第欧根尼呈现了一个有着清晰价值观和信念的人，他很清楚自己想要什么、不想要什么。他的价值观和信念影响了他的决定和发展，也影响了他如何应对机会和生活中的各种事件。例如，当谈论到从旅馆到日间照顾中心的工作调动时，我们问第欧根尼：你本人在决定过程中起了什么作用？他列举了众多组织因素(如日间照顾中心需要有经验、能体恤顾客的人来当经理)，而他也欢迎这样的挑战：

> "虽然我已经六十岁了，或者说快六十了，我还是需要挑战。嗯，……我也不是自大，这一两年我确实开始发现，旅馆的工作有点太轻松了。……嗯，……在那里工作了这么多年，我对一切都了如指掌。"
>
> (第三次访谈，2005 年 6 月)

同一份工作干了十四年以后，他说自己变得有点自满。他已经非常习惯旅馆的日常管理，对于平常碰到的大多数问题都能找出常规的解决办法：

"我想，回归本源也许是个好主意。我把来这里工作看作回归很多年前我来这里工作的本源，我本来就是想去夜间收容所、活动中心、日间照顾中心等地方工作。"

（第三次访谈，2005 年 6 月）

　　从中我们可以看出第欧根尼对于早期身份的怀念。

　　还有一次，我们讨论了为什么第欧根尼不愿在慈善机构担任更高层管理者。毫无疑问，因为他的经历和专长，他在慈善行业备受敬重。事实上，曾有人提议要给第欧根尼一个荣誉，但他迅速拒绝了这一提议。虽然第欧根尼很擅长管理或政策决定，但是，他更愿意跟顾客近距离接触，并辩解道管理类职务会让他跟"单位"，而非"人"打交道：

　　"除了做门卫，有没有想过要做些管理工作？"

　　"没有，因为我发现我更乐于在一线工作，你知道，亲自接触，亲自跟顾客接触，对……我也写过手册、指南这类东西，你知道，碰到事情怎样处理，等等。嗯，……也有可能，确实有些同事被提拔了。"

　　"你对这些事情一点儿都不感兴趣？"

　　"不，因为提拔以后跟顾客直接接触的机会就少了。我是说，我曾经参与过高层们的会议，他们讨论无家可归者的方式就像商人一样，讨论，讨论进口多少糖、征了几辆车。这，这，然后就变成了一个商品。我工作的慈善机构就是这么做的……真的很可怕，就像听纳粹谈话一样。他们可从来不说，'我们要运一千两百个犹太人'。他们只会说，'我们要运一车人'，或是其他什么单位。"

"但是，如果在管理层的话，你可以带来更大的改变，不是吗？"

"……当然会带来改变。政策决定者……他们可以决定今晚你回家时的车速，在很大程度上决定你可以做什么、不可以做什么。嗯，问题就是，你想跟他们一样在高层，还是就在草根的层面做一些事情？比方说，有人进来说，'我昨晚睡在外面，太冷了。我想有个睡袋。''好的，我看看能不能给你找个睡袋。'对我来说，这就是改变。或者，'我真的饿了。我两天没吃饭了，我得在垃圾筒里找吃的了。'对我来说，这就是改变，对……"

（第四次访谈，2006 年 1 月）

第欧根尼坚持道，他更愿意跟顾客直接接触。虽然他说他不是一个基督徒，但是他用挪揄的语调评论了神的直接行动：

"我想神也不是在决策层。他可能跟高层在一起，但他本人不是高层，他不在犹太教圣庙的长老会，也不在希律王的法院。我是说，努努力，他也可以在那里。可能他可以成为，你知道，也许他应该成为一个，我不知道，一个罗马人，或者去罗马，然后在那个层面做事情？"

（第四次访谈，2006 年 1 月）

　　在第五次访谈中，第欧根尼说他的孩子已经长大离家，他只需照顾好自己。他说他没有太多物质需求，不喜欢这个物欲横流的社会，不屑于媒体总是报道鸡毛蒜皮的琐事，断言他自己是"有点极简派。私下里，你知道"（第五次访谈，2006 年 7 月）。

　　至于行动潜能，第欧根尼的生活故事显示了他过去能现在也继续能控制和引导自己的生活。他在工作中充分发挥了主观能动性，也能为顾客的生活带来变化（只要他们自己也想改变）。虽然他的理念保持不变，但是随着世界的改变，他的理想似乎也经历了幻想破灭的过程。第欧根尼忠于自己很多年前形成的信念，不想因为现在的情况而去改变自己，他的身份认同脱离了物质主义和生活琐事。但是，很明显，这样的正直是需要付出代价的。通过第欧根尼，我们将看到了详细的叙事并不一定能带来行动上的改变，在克里斯托弗和拉塞尔·杰克逊的叙事中我们将会看到这一点。

/ 第六章　克里斯托弗/

与第欧根尼相似，克里斯托弗(Christopher)的生活故事叙事强度极高，有着较多的分析和评价，而非单纯的描述。但是，同样的叙事强度可能带来不同的学习潜能。例如，我们在前一章看到，第欧根尼的叙事强度极高，有情节、评价和分析。但是，我们发出这样的疑问：这种学习是由参与我们的访谈带来，还是过去叙事的结果？换句话说，他的叙事是否具有学习和行动潜能？与第欧根尼不同，克里斯托弗的叙事中有持续的学习，而且有着清晰的行动潜能。

克里斯托弗的生平

克里斯托弗于 1942 年出生在英格兰南部一个中产阶级家庭。他一直觉得从刚出生到两岁半是他生命中的"黄金期"(第八次访谈，2007年 6 月)。

"我家里有张照片，我妈妈抱着一个小宝宝，就是刚出生的我。另外还有一张照片，她在背面写了一些字，应该是要寄给别人的。上面写着，这是，这是我刚出生的宝宝，他叫克里斯托弗。好像还有，他是不是个小甜心？他是不是很可爱？等等。所以我有时候想，我很小的时候，我妈妈应该是很爱很爱我的。"

（第三次访谈，2005 年 12 月）

还有，

"……真的很温暖，这样的话，在照片的背面。你知道，非常诚挚的感情。"

（第三次访谈，2005 年 12 月）

克里斯托弗十五个月的时候，他的弟弟出生。两岁半的时候，他的父母分居，后来离婚。克里斯托弗隐约记得父母在离婚之前有"可怕的争吵"，但"奇怪"的是他觉得这段时间很"安全"。

"就是这么觉得。在此之前是安全的……我觉得他们是爱我的，就好像我知道，我知道被爱是怎样的感觉。我想如果我不知道这一点，我可能就是一个瘾君子，一个少年犯，一个罪犯，我不知道自己会成为什么。但是，因为知道我曾经被爱过，这种感觉拯救了我。我就是这么想的。"

（第八次访谈，2007 年 6 月）

他的母亲后来又结婚了，克里斯托弗和继父的关系并不好。母亲后来开始酗酒，并得了场所恐惧症。

> "……生活混乱不堪，每一天都是折磨。爱对我来说就是一个奢侈品。母亲甚至躲起来，似乎只能通过这样的方式去爱，不跟你待在一个房间……"

> （第七次访谈，2006 年 8 月）

对于母亲，他说：

> "我觉得她有点儿像蜘蛛，待在网中间，所有的线头延伸出去，延伸出去。所以她没法来鼓励你，但是你能感受到当事情做对或者怎么样的时候，线头被拉了一下下。因为在我家是继父说了算。他动不动就打人……动不动就打人，所以我想，我母亲就不敢管了。我想，我想她从来没有鼓励过我什么。我觉得这也不是母亲的活儿。我觉得这可能是父亲该做的。这是父亲的角色，我从没得到过。"

> （第三次访谈，2005 年 12 月）

克里斯托弗后来在全国父母教育联合会（Parents' National Education）预备学校上学。父母教育联合会预备学校是根据夏洛特·梅森（Charlotte Mason）的理念创设的。这个学校有两个突出的理念：第一，梅森认为叙事使个性成为儿童学习的资源，而谈话又是叙事的艺术，因此很有必要开发儿童的"谈话资源"。第二，梅森认为，教师应该让儿童"自然地"学习，大人应该不干涉或尽量少干涉儿童的学习。全国父母教育联合会学校的口号是"我是，我能，我应该，我会"。

关于求学经历，克里斯托弗并没有在访谈中过多提及，只是提到学校说他是个"考验和磨难"。

大概八岁的时候，克里斯托弗第一次看到木偶，并由此开启了一生的事业。当时，班里有个同学带了一个小关节娃娃，克里斯托弗说道：

> "……这是一个小小的关节娃娃……我真的很想要……我想，因为他有关节，可以移动，所以我很喜欢。它跟泰迪熊不一样，你可以移动，还可以改变它的某个部位。我想，可能从那时开始，我就已经想通过某个东西让外界记住我……就好像是，那些可爱的小物件在我年幼的心底种下了一颗种子。我是说那个小玩偶，那个小小的玩偶，它那么可爱，它穿着木底鞋，是个捷克斯洛伐克形象的小木偶人。还有，我想还有，匹诺曹，匹诺曹的腿还有其他地方也是这样连接起来的，我想我喜欢这些。我想，这就像在我的心底种下一颗种子。"

（第四次访谈，2006 年 1 月）

九十岁的时候，克里斯托弗

"……明显对木偶着迷……"

（第七次访谈，2006 年 8 月）

他知道了，通过木偶，他可以

"……表达生活。当然，我知道木偶是没有生命的，但我可以赋予它生命。我很快就通过我的玩具骡子"松饼"知道了这一点。所以，我知道了，木偶之间也有爱情……"

（第四次访谈，2006 年 1 月）

在他年幼的心里，木偶

"……满足了我的怪癖和幻想，似乎满足了我作为这个年龄段小孩子的需求。我想，之所以木偶是怪癖的、奇怪的、呆笨的或是厚颜无耻的……部分原因是我加了很多东西进去……所以，那个时候我就喜欢上了木偶，并走上了这样一条职业路径……"

（第八次访谈，2007 年 6 月）

但是，这就是一种职业路径，而非一个可以明确达到的目标，其中有一些模糊性：

"……十二三岁的时候，我会去图书馆……图书馆有一个木偶区，书架底部有一些关于木偶的东西。它们就在书架的底部，所以，你可以坐在地板上读书。太棒了，因为你可以和自己喜欢的书如此亲密……其中有一本书就是关于木偶制作匠人的……里面有好多他制作的木偶。我还记得当时的感受，我想，这些木偶真美呀，他们是如此精雕细琢，我好喜欢这些木偶啊。如果有一天我也能做出这样的木偶，该多好啊……"

（第一次访谈，2005 年 10 月）

大概从九岁开始，克里斯托弗就开始做跟木偶有关的事情。

"十来岁的时候，我就做过很多事情，主要是戏剧以及木偶方面的……想想自己曾经做过的事情，我觉得我太不容易了。你知道，没有任何基础，没有老师，没有任何其他东西，我做了这些事情。你知道，我根本没有老师……在十一岁、十二岁、十三岁的时候，我正在规划我的职业，我的人生。"

（第七次访谈，2006 年 8 月）

"……我知道，在那个时候，从那个时候开始，我就下了决心。从现在开始，我的一辈子……我给自己设置了一个职业路径，我努力为之奋斗……我做了这么多事情，完成了这么多项目。我觉得我真的是努力为之奋斗了，所以感觉就像，尽我所能，在我的境地下，做一些事情，创造一些事情。"

（第七次访谈，2006 年 8 月）

虽然克里斯托弗的职业路径非常清晰，但他的人际交往却并非这样。

> "……跟他人相处的时候，我不知道该说什么，该做什么。跟人相处的时候，我很羞涩，很担心，……呃……，……呃……还有，我，……呃……我好像有点把自己封闭起来了。"
>
> （第二次访谈，2005 年 11 月）

在学校里，克里斯托弗尝试着跟男生和女生交往。在艺术学院时，

> "我有过一个女朋友……我们有过很多美妙的尝试……我尝试过跟异性交往，也尝试过跟同性交往。我是说，在学校的时候，我喜欢，不知道这样说合不合适，我喜欢跟男孩子们性接触。我相信很多小孩都喜欢。不管怎样，反正我做了。但是那个时候，那个时候我也在探索跟异性交往。你知道，我有过一个女……朋友……，我们有过各种各样美妙的尝试，跟性有关……我想，我可能在学习如何进行一对一的交往。"
>
> （第八次访谈，2007 年 6 月）

母亲去世后，克里斯托弗觉得自己的生活"**超级混乱**"（第二次访谈，2005 年 11 月）。虽然已经与人交往，他还是爱上了一个信天主教的爱尔兰同性恋者。他没有刻意中止这段关系，也可能只有这一次，

他打算为爱放弃工作，但最后他们还是没有在一起。克里斯托弗打算接受治疗帮助自己摆脱羞涩和焦躁不安的状态。但是，这项计划直到克里斯托弗三十多岁才付诸实施。那段时间，他接受了密集的心理治疗。虽然现在他并没有进行常规治疗，但还是会参加一些治疗性的讨论会。最近，他找到一个顾问帮助他面对过去的经历。

在参与研究期间，克里斯托弗交往已久的伴侣为了另一个男人跟他分手。

> "所以，我现在想做的是，不能说是重塑自我，但可以说是作为，作为'一个单身的人'去重新发现自我。你知道，我可能很快又会有一个伴侣，但是我可能也会，嗯，我想知道现在该做什么……可能我还是有，有一些能力的。所以，感觉……呃……，可能我，可能我需要勇气来等待和发现，接下来该干什么。"

（第一次访谈，2005 年 10 月）

除了伴侣的离开，他还跟一个交往很久的朋友闹了些矛盾并最终导致友谊的破裂；另外一个交往很久的朋友也因病去世。跟小时候一样，克里斯托弗发现自己再次陷入孤独的境地。

> "我现在住的地方是临时的，合住的人对我很好，非常……呃……热心，但不能说是朋友。我只是因为住在这里才认识他。我准备买一个新的公寓。这就好像是，全新的生活，一种全新的

开始——失去伴侣，失去两个重要的朋友。有的时候我在想，这给我什么启示？生活想要我下一步干什么？这是学习。"

"那你有没有找到答案？"

"我现在的感受是，我得包容所有的东西，然后等待。这种感受很清晰、很强烈。我真的这么觉得。就好像他们是在，在我体内的一个罐子或者碗里。没有在煮，它们只是静静地待在那里，然后，……呃……，太早煮了也不好。我感觉里面有很多东西，如果我有足够的耐心，能够包容它们，它们可以变得非常丰富。但是，很难。因为孤独，没有我的伴侣和朋友，没有自己的家。嗯，所以感觉，[停顿]感觉有时候真的非常情绪化，真的。"

（第二次访谈，2005 年 11 月）

有时候，这种孤独的状态，

"……有点像我现在正在做的一个项目，……呃……，就像，一个人在探索生活。"

（第五次访谈，2006 年 3 月）

"……整个生活都不一样了……感觉就像我在，我在寻找一个新的克里斯托弗。不是一个新的，新的克里斯托弗，……呃……，不，不是一个新的克里斯托弗，因为，……呃……，显然，我想还是同一个克里斯托弗，只是不一样了。感觉就像开启了一个新的章节。我在，我在开始书写这个新的章节，全新的一页。刚分手的时候我还在规划，规划未来，规划生活，但是现在不……我觉得我完全是开放的……呃……，为了给，给，给我自己最大的机会去，去进入一个新阶段。就这么觉得……我觉得现在我是开放的，感觉就是，……呃……，有些东西过去可能被我忽视了，现在我还可以再看看……我现在更开放地对待出现的任何事物，任何出现在我眼前或身边的事物。"

（第六次访谈，2006 年 6 月）

"……很孤独。我一个人，一个人。这很难。头脑中有个声音告诉我：赶紧找个伴侣，快点，马上。但是，另外一个声音告诉我：这不是现在该做的。一个声音告诉我：你需要去……呃……，找个人应该不难。但是，另一个声音告诉我：你有必要去体验独自生活……感觉就像，如果我开始另一段关系，跟另一个人住在一起，我就会迷失自己，我就会逃离一些重要的东西。"

"是什么？"

"[停顿]面对我感到极度孤独的事实。极度孤独，还有，我想到了死亡。我想我们能体验到的最大的孤独就是死亡。我觉得，现在我可能正在体验某种形式的死亡，一段关系的死亡。从某个角度来看，它就像死亡。[停顿]今天早上我还在想，当我起床的时候，我在想我生活中到底还有多少事情没做？太多事情了。然后我想，好，可能我的生活就是一个未完成的项目，可能到死都完成不了。"

（第七次访谈，2006 年 8 月）

第八次访谈的时候，克里斯托弗找到了一个新男友。

"……我感觉我重新找回了一些活力。"

（第八次访谈，2007 年 6 月）

克里斯托弗的故事最终变成了，至少部分是，寻求职业与精神需要的融合。他说，在他年轻的时候，他就：

"……我感觉，很小的时候，嗯，五岁以后，可能 5～9 岁的时候，我，我有点像修道士，我想……我有点像个小修道士，我想……我没有办法融入这个世界。我知道修道士也能融入世界，但是我，没有办法融入，我让自己与世隔绝。你知道，修道士遁世是为了远离尘嚣，我感觉我也有点儿在这么做。但是，我这么做是因为我别无他法。所以，可能我学会了，学会了如何一个人应对一切。"

（第七次访谈，2006 年 8 月）

"……整个人生，我都，我都被隐居的生活吸引，被修道士或隐士的生活吸引。我觉得那样的人生很美。"

（第一次访谈，2005 年 10 月）

当克里斯托弗成为一个资深木偶制作人后，他开始在作品里引入不同的形象，一开始是恶魔、生殖器崇拜者还有幽灵形象，后来也曾引入圣人形象。

"……之所以引入圣人的形象是，我想是因为，因为我在寻找，寻找自己体内圣洁的一方面……那种……呃……，那种神奇的品质，我想我们都有这种品质，我想我在木偶身上看到了这种圣洁的品质。它也有，也有邪恶的方面，那是阴暗的一面，我自己也有阴暗的一面。"

（第一次访谈，2005 年 10 月）

三十岁出头的时候，克里斯托弗：

"……那个时候开始尝试心灵方面的探索，嗯，我练习冥想，练太极，我读了很多，尝试了很多东西。我也开始去教堂，我尝试去，去做一些心灵方面的探索，但是我也是一阵一阵的。一会儿做这个，一会儿又不做了。然后，哦，我原本是打算要做这个的，然后又不做了。一天，我突然想，好，为什么不把……有一件事情我是会固定做的，就是艺术。做艺术我一点儿问题都没有，从不半途而废……我就在想，为什么不把两个结合在一起？所以，比如，精神探索跟我的工作和平共处？毕竟，生命是有限的，可能我们没时间去做所有这些事情。所以，我们能不能把几个爱好融合起来？那就是我当时想的。"

（第二次访谈，2005 年 11 月）

现在，克里斯托弗已经到了知天命的年龄。回头反思人生中的计划、轨迹、追求和目标，他相信每个人都有自己的"命运"。

"我认为命运不是你自己决定的。我想这是，是注定的，几乎从出生就注定的，跟因果报应这一类事情有关。我也不是宿命论者，但是我想，真的有命运。我真的觉得，一定有命运。"

（第七次访谈，2006 年 8 月）

"你知道，他们说，每一个家庭，每一个小孩都有自己的命运。这有点儿像父母手里拿着弓，往前一射，然后小孩子一辈子的命运就这么注定了。就这样，父母或多或少设定了小孩的命运。我想这还真的有些道理。"

（第三次访谈，2005 年 12 月）

"所以，你觉得这是命运的安排，不是自己的决定？"

"不，我想这不是单方面的。双方都有影响，因为我们也会改变命运。它不像，……呃……，我们也可以改变，改变命运。所以，我觉得不只是生活对我做了什么。我不这么觉得。不，我不。［停顿］我是说，如果我这么想就好了，然后我就会更，……呃……，更自由地去面对生活带来的挑战。我在想，计划啊，抱负啊，这一类东西会在某种程度上限制生活的可能性，我不知道。

我想，如果你没有任何抱负或计划，就像我，如果我没有任何抱负，我可能就会醉醺醺地坐在路边，或者衣衫褴褛、背着脏兮兮的包。我是说，我觉得，我觉得，我有一点儿觉得，你知道，……呃……，在能做和不能做之间有个很好的东西。我觉得它们离得很近。当我看见有人在艰难的处境中时，我就是这么觉得，我，我觉得，多亏了上帝，我……"

（第五次访谈，2006 年 3 月）

尽管相信命运的重要性，克里斯托弗还是觉得我们应该做些什么去改变艰难的处境。

"……我从不觉得我生来就是……呃……，一个罪犯或者一个，我从来没想过。虽然我，嗯，当我看到有人坐在大街上，手里拿着一个乞讨的碗，我真的想，多亏了上帝。我真的这么想，我觉得你离我就这么近，我离你也这么近，什么都有可能，好像这就是上帝决定的。但是，现在我也开始想，好像这是我自己能改变的。你知道，……呃……，不管是什么，拯救自己，不，不管什么原因，卷起铺盖，向前走。我知道在大街上向人乞讨和起来向前走的区别。有时候我觉得，我看见这些人，我就想对他们说，起来，向前走。"

（第八次访谈，2007 年 6 月）

"我想，我总是想充分，不，最好地利用生活。因为我觉得生活不是一个你可以草拟的计划。生活给我的感觉有点像在大海里游泳，你拍打着海浪浮出水面，然后你又潜入更深的水中，然后你又拍打着海浪浮出水面。我觉得生活好像就是这样的。我不知道我在哪里，到什么阶段了，但感觉就是，我要做的是，接受下一步的挑战。"

（第五次访谈，2006 年 3 月）

"……我是说，我的旅程似乎还挺成功的，挺完满的，有点儿像我自己和这个世界的和谐共处。"

（第九次访谈，2007 年 7 月）

克里斯托弗的故事可以说是身心合一、超越世俗的。他觉得木偶是：

"……某种黏合剂，也不能说是黏合剂，而是某种联结因素，它们可以承担任何角色。我现在觉得木偶，木偶，就好像他们能，我现在明显觉得木偶是我的一部分。你知道，他们是我心灵的碎片……在木偶面前，我从来没有摇摆不定，我从来没有想去做，去做点儿别的事情。我从来、从来没有过这种的感觉。从来没有，从来没有。我知道，人们有的时候会放弃一件做了挺久的事情。有时候我在想，最近我在想，好，可能将来有一天我也不做木偶了。我可能会做点儿别的事情……但是你看，如果我放弃了，我也放弃过，我想，好，我要做点别的事了，我要玩玩音乐或者其他东西了，我又会重新捡起木偶。所以，我把木偶放下之后又会把它重新捡起来。这个过程起到了充实的作用，就像让这碗汤更充实了，这碗木偶汤。"

"你什么时候放弃木偶去玩音乐？"

"我想这应该也在关于木偶的故事里……我总是有这样的感觉，之后有一天这可能会对木偶有用。因为我曾经，我，我想我说过，我不想让我的生命带着遗憾结束。我想，我希望能做一些别的事情。所以，我学习了竖琴。我那个时候想，嗯，我要是学会了竖琴，在大脑深处，我在想，这可能会对木偶有用。很长一段时间我每天都花一个多小时练习竖琴。我想，现在对于唱歌也是一样，也有点儿这方面的原因。不仅仅是为了木偶，也有一部分是为我自己。但是我从来没有……"

"为你？为了什么？"

"因为我有嗓子。我有一副好嗓子。"

"竖琴呢？"

"我想可能因为这是一个古老的乐器，让我很感动，让我喜欢。我喜欢它的声音，喜欢轻敲、拨动琴弦发出来的声音。但是，我从来没有背叛木偶，我从没说过，好，就这样，我要放弃你了。"

（第九次访谈，2007 年 7 月）

当我们问他，重新开始做木偶的时候有没有犹豫过，他说：

> "从来没有，从来没有，从来没有。从来没有，从来没有，从来没有。但是最近我想，好，可能有一天，我再也不做木偶了。我一直在想，死之前我得保留自己的工作间。但是偶尔我也想，可能到时候我根本不需要自己的工作间了。我不知道那是什么意思。可能我会找到一个解脱的办法。但是此时此刻，我想我对它们的感情是那么浓烈，我们给彼此的，它们给我的，我给它们的，它们既成就了我的职业，又成就了我的个人发展。"

（第九次访谈，2007 年 7 月）

他觉得他成功地融合了艺术和精神上的追求。虽然在此之前，他的个人感情没有与职业和精神上的追求成功融合，但是当前的关系带来了改变的可能性。

叙事品质

很明显，克里斯托弗的故事叙事性极强。它们不仅详细还有深度——除了描述，还有不断的分析、阐释、理解和评价。从这个角度看，克里斯托弗故事的叙事品质高于前几章分析的几位参与者。对于克里斯托弗来说，理解生活是一个持续不断的过程，而非仅因访谈而起。当然，访谈使他有机会进一步反思并说出他的理解和思考。理解生活是克里斯托弗的一部分，是他持续思考人生的一部分。或许，我们可以说克里斯托弗的生活故事有着明显的情节。例如，他相信命运的存在，他相信生活并非任意选择的结果，而是命中注定的。但是，我们更应该说，克里斯托弗在叙事时持续设置情节。事实上，最后一次访谈时，他甚至开始重新评价他作为艺术家的身份认同，重新考量他的自我意识和人生方向。

　　"很重要的一点，第一次，我开始质疑艺术方面的所有事情——成为艺术家的想法，到底什么是艺术家。这能回溯到我们访谈时讲的很多问题，我讲过我能成为艺术家的原因，以及那神奇的，[停顿]哦，叫什么，点石成金。"

　　"炼金术。"

　　"炼金术。我想这就是发生在我身上的事情。我想，我想……呃……我想我在整个人生中运用了我的全部艺术，把它用作逃离的出口，艰难时刻的逃离出口。在此过程中，虽然我觉得这是一个真的，真的职业，我真的觉得我还挺有艺术才华的，觉得我是一个真正的艺术家。我也觉得，因为搞艺术，我失去了很多，或者说错过了其他一些事情，这些东西跟艺术无关。

　　……我觉得很多东西需要重新评估，我这辈子做的所有事情。有点悲哀，因为我已经 65 岁了。我在想，我在想还有很多作品，我有一箱箱的半成品，这些作品我都全身心地去做了。你知道，我可能告诉过你，有一个剧，我几乎做完了全部的木偶，他们有四英尺①高。然后，我觉得他们太大了，然后就开始把所有的木偶重新雕刻，变成原来的一半大小。你知道，一箱一箱的半成品。我一开始没有完成这个作品，最后也没有完成。"

"这让你感觉怎样？"

"我想我说的是，是，我想[停顿]我是，是一个艺术家，我的艺术，我的艺术家身份都是我跌跌撞撞的人生的一部分……，所以，有未完成的作品也不奇怪，做事情半途而废也不奇怪。有的时候我不禁想，是这个地方吗？会在这个地方发生吗？"

持续的设定情节意味着克里斯托弗在不断尝试着去理解生活，理解正在发生的一切——这个过程无疑需要分析和评价。通过叙事，他也在创造意义，也让生活变得更有意义。这意味着，克里斯托弗的生活故事对他个人有着独特的意义，虽然他在讲述的过程中也借鉴了别人的脚本。但是，克里斯托弗没有套用现成的脚本，生活故事是他独特的创造，也与他如何生活密切联系。从这个角度看，他的叙事不仅是在对生活进行回顾和反思，还能积极指引生活的方向。这与我们接下来要探讨的叙事功效密切相关。

叙事功效：学习潜能和行动潜能

在克里斯托弗的生活中，学习无处不在。他喜欢学习，部分原因

---

① 1英尺≈0.30米。

是受全国父母教育联合会预备学校求学经历的影响，更重要的是他可以通过学习成长为一个伟大的木偶制作者。他觉得为了其他理由学习是"梦游"。他上过正式课程，跟随过专家学习，而且阅读广泛。在少年时代，他通过有意识地"玩"和阅读进行学习；在青年时代，他通过参与剧院事务学习了一系列相关技能。他在实习的时候学习，并在之后进修了一个正式的戏剧课程；他学会了乐器、作曲和唱歌。他还向朋友和伴侣学习世界各地的艺术和文化，渴盼"智慧的友谊"使他能够与他人斗智斗勇。他非常信奉宗教，但并不是死记教条，而是在编织自己的精神叙事，把宗教与自己的生活故事整合起来。同时，他通过心理治疗和阅读了解了个人发展，并通过木偶的故事形成了自我发展的方式。

很明显，叙事对克里斯托弗来说极为重要。作为木偶制作者，他的工作离不开故事——他需要为他的木偶朋友们采用、改变和创造故事情节。他把心理治疗看作发展和创新的重要部分。但是，"谈话治疗"对他来说并不是一个合适的选择。他希望选择那些能够让他施以行动，并且能够叙述他内心世界的心理治疗方式。他也通过为木偶设置故事情节实现心理治疗。通过工作时以及心理治疗时的叙事，通过对自我叙事，克里斯托弗能够把零散的生活进行统整。叙事是一个勾，使他得以逃离纷繁的生活世界。叙事也使他成为"囚徒"，影响他与"现实"的连接。

综上所述，克里斯托弗叙事的强度和深度较高，充满分析、反思、评价以及不断进行的情节设置。对于克里斯托弗来说，叙事充当着学习的"场所"——一个他理解周围事物的场所。但是，克里斯托弗的叙事并非只是学习的"场所"。他不仅在讲述故事，也在进行计划和行动。因此，克里斯托弗的叙事不仅有着较高的学习潜能，也有着较高的行动潜能。这跟他在叙事中持续设置情节有关，也跟他的信念密切联系。他觉得"命运"是存在的，生活是有意义的，他的任务是去寻找生活的意义、计划和轨迹。叙事反映了他的信念，他也在叙事中实施着自己的信念。

克里斯托弗叙事的大多数脚本都是自己创造的，但是他的叙述也受到了社会脚本的影响。他借鉴了 20 世纪 60 年代和 70 年代的社会脚本，尤其是艺术和宗教方面的脚本(他特别提到了来自美国的影响)。他借鉴了东西方的认识途径和一系列的宗教脚本，并在此基础上创造自己的叙事。他也接触过很多心理治疗方面的脚本，这些在他的故事中有着充分的体现，可能也解释了为什么他经常提到过去生活的影响。克里斯托弗的叙事是他个人精心打造的叙事，不仅在于叙事是他个人全权打造的，更因为他运用了各种现有的社会脚本去系统构建他的个人形象。

叙事同时为他提供了职业路径和谋生之道。即使这样，个人自主权也有一定的局限，因为在他晚年的时候，我们看到了叙事不仅解放了他的生活，也限制了他的生活。

虽然克里斯托弗的叙事也有一定的局限性，但是通过他的案例，我们看到了叙事学习可以带来"行动的过程"。对于克里斯托弗来说，就是他的职业路径和谋生之道。更重要的是，生活转动和依靠的轴心。

/ 第七章　保罗·拉森/

与克里斯托弗相似，保罗·拉森(Paul Larsen)的叙事品质也很高，除了详细的分析和评价，他也对生活的意义不断进行阐释和理解。从这个角度看，保罗也在行动中进行叙事学习。但是，与克里斯托弗不同的是，保罗的叙事并没有带来太强的行动潜能。正是这一区别，使得我们有机会进一步探究叙事学习的复杂性。

跟大多数参与者不同，保罗选择用日志替代第一次访谈。他在日志中详细讲述了生平故事，而日志也正好为他自己的博士研究所用。

保罗·拉森的生平

保罗于 1949 年出生在挪威的乡下，他的家人很多都是农民或渔民。除了务农和捕鱼，他的父亲也是一个熟练工人。父亲经常因公出差，因此保罗的母亲和姐姐是家里实际的"统治者"。保罗的家庭信仰路德教，路德教的教义严格禁止享乐。在保罗看来，他的出生完全是个"错误"。

"我家有四个小孩，我最小，我的双胞胎哥哥早我半个小时出生。他们说他们没想到还有我，所以当我出生时连衣服都没有。"

（第一次访谈，2004 年 10 月）

"我一直想，挪威是，……呃……，我出生在挪威就是个错误，是个大错误。我不应该在那里出生。所以我，刚出生就差点死了。但是我活下来了，可能是运气好，看你怎么说。我不应该，不应该在那里出生。[大笑]"

（第四次访谈，2006 年 2 月）

第五次访谈时，保罗谈到了一次心理治疗经历，心理治疗师让他回忆自己的早期生活。

"我记得我母亲说，说我快要，快要死了……我的皮肤变成了蓝色，淤青，一个护士把肥皂放到我的，我的背后，并说道：'呸！'然后，那个心理治疗师说：'可能，可能这一点很重要，可能你父亲也在那里，可能他，可能他，可能你感觉到了他不太开心，或者因为我说过，他没做好准备，他没想到你会出生。'去年回挪威，我问他，我跟哥哥出生的时候，你知道会是双胞胎吗？他说：'屁，伙计，我们不，我们没有，没人跟我们说过。'所以，他没想到会是双胞胎。我告诉过你，他总出差，他很辛苦……呃……，可能是为了挣钱养家，他总是买二手鞋，我们很穷。然后，这个心理治疗师说：'我想他们可能没想要你，没想要你，……呃……就算怀了也没想要你。'把这个事情说出来很残忍，但我想她知道我能承受。我只是觉得很有趣。所以可能这就是我之前讲到的，我生错地方了。我不应该在那里出生，但是为什么人们会出生在错误的地方呢？"

（第五次访谈，2006 年 12 月）

用保罗自己的话说，他是一个"被母亲爱得窒息"的小孩。他的母亲是一个焦急的、胆小的女人，总把他包在一块他讨厌的"痒痒的羊毛"毯里。

"然后，你觉得窒息。我想从三岁，三四岁开始，我就想要有自己的生活。"

（第四次访谈，2006 年 2 月）

除了被母亲爱得窒息，他们在心灵上也并不十分相通。

"母亲在唱歌……但好像根本不在房间。她的声音很遥远……就好像歌声不是从厨房里传出来的一样……她在唱教堂的歌……可能那是，有点类似白日梦，因为她，她通过唱歌让自己逃离。我想是的。我记得她的声音就是这样……我的母亲，她在厨房唱歌，但是她没有跟我们一起唱，她在自己的教堂。她没有，没有包括她自己，她也没有让我们坐在膝上，和我们一起唱……那些曾经坐在妈妈膝盖上的人……我没有像别人那样坐在妈妈的膝盖上。她在自己的空间里。所以我说，唱歌与生活脱离了。"

（第四次访谈，2006 年 2 月）

他的父亲有两面性。保罗说，父母经常满脸通红，还因为琐事打他，所以他惧怕父亲。但他也是个温和的父亲，会用吉他、曼陀林和唱歌来逗孩子。

"……有时候他会打我，至少有好几年我都在恨他。对他非常非常反感，我想我肯定是恨他的，不然怎么会反感呢？［停顿］"

（第二次访谈，2004 年 11 月）

十岁或者十一岁的时候，家里人开始讨论是否让他将来成为老师。在学校，他的老师讲到了上大学。

"……我开始瞎琢磨，我能吗？大学是什么？……十岁的时候我想到了上大学。这个大学怎么样……我开始想，我在学校成绩挺好的，也总是能很好地完成老师布置的任务。"

（第三次访谈，2005 年 6 月）

生活上，保罗患上了哮喘和过敏。

"……我想出去。家里的氛围，无聊，莫名的无聊。待在家里，你都会忘了在街上玩耍时的快乐时光，跟男孩子们一起打板球，或者玩点其他的。忘了，忘了所有的事情。划船、捕鱼、游泳，不管什么，都玩不了了。只能待在家里。[停顿]大家都说家是一个美好的地方，还有，还有……呃……，回家的感觉真棒，但对我来说真不是这样。"

（第四次访谈，2006 年 2 月）

保罗不喜欢待在家里，后来终于找到一个逃离的方式。他去了主日学校，那里的老师对他很好，教他演奏手风琴。

"……音乐是，可能在那个主日学校，音乐有点像[停顿]一种芳香剂，它可以慰藉我们，让我进入一个身心愉悦的世界。而世界的另一端，惩罚，是[停顿]可怕的一端。在家里，时而风平浪静，时而雷霆大作，太难了。但是在主日学校有一个人，我可以跟他很好地相处，他非常像，我得说他更像一个父亲。他不会变化无常——他总是对我很好，他跟我们一起玩，总是非常有趣，非常非常有趣。我们可以大吼大叫，可以玩一种乐器，叫什么来着，我们可以用脚踩的脚踏式风琴……我对乐器非常好奇……"

（第二次访谈，2004 年 11 月）

他自学了脚踏式风琴。

"……地下室有一台脚踏式风琴，我们可以玩，这有点像父母之外的世界。这是一个我们触手可及的世界，是一扇通向另一个世界的大门……"

（第三次访谈，2005 年 6 月）

"……我想我们家地下室也有一台。那是我逃离的一种方式，逃离那些严厉的亲戚。我开始探索音乐，尽早开始探索……"

（第二次访谈，2004 年 11 月）

"……八九岁的时候，我想，在那个时候音乐和教书同时，……呃……，成为我的理想，我想在这两个方面有所成就。"

（第三次访谈，2005 年 6 月）

十一岁的时候，保罗一家搬到海边。保罗不想搬家，作为补偿，父母给他买了一架钢琴，他开始自学钢琴。

"……我猜我用钢琴让自己逃离一会儿，傍晚，就这样坐在钢琴边，弹弹钢琴……"

"逃离，逃离什么？"

"这是我的，我的时间；这是我的，我的空间……我一个人弹会儿钢琴。所以，那是我的时间，那是我的房间……这是我的体验室。这是某种自由，所以，我不太想把钢琴用作……呃……，社交或是职业。就是纯粹为自己弹。"

（第三次访谈，2005 年 6 月）

"……我想，我把它当作一种逃离，[大笑]玩这么多的音乐，都是为自己玩的，就是来回应你的感情，弥补生活的艰难、学校的不顺，还有其他方面……所以，音乐里有我的生活。"

（第四次访谈，2006 年 2 月）

他也在一系列的社交场合演奏乐器。

"我在那里找到了归属感以及为他人服务的成就感。"

（第三次访谈，2005 年 6 月）

高中毕业后他去军队服役，之后去一个教师培训学院读书，这不完全是他自己的选择。

"……我不是很喜欢，不是很喜欢学校。我喜欢在学校做的一些事情，但真成为老师了，周围都是老师。很多老师我不是很，我觉得他们并不是很能激发人。所以，对于成为老师这件事情，我很矛盾。老师们很不一样，我想我不想成为他们中的一个。所以，我为什么会去进行教师培训是一个故事，我想是种妥协，因为我猜，我记得我非常擅长艺术和音乐。音乐是我最大的爱好，我想成为音乐家。"

从十岁开始，他的家人就说：

"……你得做老师。所以我想我就是在这样的环境中长大的。这个观念……呃……，强加在我的身上。我应该做老师……这个想法几乎被注入我的大脑，那就是我应该成为老师……我想我有理想，我想是他们培育了我的理想，我开始把自己想作老师，可能这样吧。"

（第三次访谈，2005 年 6 月）

"我并不是太想成为一名老师。当我十岁的时候，他们把这个想法灌输到我的脑海里。哦，保罗，你，你得成为老师，你必须成为老师。因为你学习成绩很好，你就应该成为老师。就是这样，就是这样的理由，那是一个很好的理由。就因为你成绩很好，很会写，你得成为一名老师。"

（第四次访谈，2006 年 2 月）

保罗关于音乐家的重心开始"转移"，他还想成为艺术家，还有：

"我梦想着出国……在高中的时候，我想去瑞士学习法语和音乐，我喜欢音乐和语言，我想把它们结合起来……出国是我的梦想，从很早开始，我就没有把自己限定在挪威。我在想世界上还有哪些地方可能更适合我。"

（第三次访谈，2005 年 6 月）

他的父母希望他成为一名老师，音乐老师也好。但是，保罗去教师培训学院上学的动机却并非为了成为老师。

"我是因为音乐才去那里上学的，对音乐教学其实也不太感兴趣。在那儿上学的时候，我对唱男中音更感兴趣……所以，当我开始教师培训的时候，我对唱中音兴趣很大。我有一个很好的老师，他来自卑尔根交响乐团。跟很多其他音乐专业的职前教师一样，我们是因为音乐才去那里的。那里有很好的演奏和唱歌环境，有一个很大的合唱团，我们跟九十人的合唱团一起灌唱片，这感觉。我们被带到，我们还去过德国采风，跟柏林的布雷曼爱乐乐团一起唱歌，这是一个音乐的世界。教学，教学法，[停顿]不，我想只有小部分的职前教师真的是，真的是想成为老师的。那是我们的动机。所以，我的心，我的心都在音乐上了。"

（第三次访谈，2005 年 6 月）

但是，后来保罗意识到：

"……去教师培训学院上学并不是实现我自己的理想。所以，慢慢地，我不得不做出决定。然后，我不得不做出决定，我真的想成为一名老师吗？"

（第三次访谈，2005 年 6 月）

当了一段时间的实习教师以后，他

"……开始懂得，人生中第一次懂得，对，当老师也还可以。"

（第三次访谈，2005 年 6 月）

于是，他成了一名老师。但是仅仅在学校教了一年，他又被猎头挖到他所毕业的教师培训学院教书。他在音乐硕士班任教，教授音乐教学法方面的课程。

> "所以，我开始对教学法感兴趣。也就是从那个时候开始，所有的时间，整个一路，我都在成为音乐家和成为……呃……忙着教学之间的矛盾。我想很多音乐老师都有这个矛盾。心是，心是分裂的。你的心，你的心在音乐上，但是，把它跟教学结合起来是你不得不做的事情。你得放弃自己，放弃成为音乐家的理想。因为教学占用了，占用了你所有练习和演奏的时间。你在帮助别人去，去弹得更好，唱得更好。"
>
> （第三次访谈，2005 年 6 月）

虽然保罗之后学习了音乐课程与教学论，并最终来英国完成博士学位。但是，从他的讲述来看，攻读音乐课程与教学论专业并非他由来已久的梦想，用他的话来说，是给予地狱般的生活以意义。

> "如果有地狱的话，我去过地狱……"
>
> （第五次访谈，2006 年 12 月）

除了职业，保罗还谈到了婚姻。19 岁的时候，保罗在家乡认识一个女孩子，很快他就离开家乡去军队服役，然后又去教师培训学院读书。接下来几年，他们很少见面，但还是订婚了。保罗在离家很远的学院上学，未婚妻在离家很近的护校上学。保罗回忆道，婚礼时，他脑海闪过一个念头，这婚结错了，但是意识到这一点太晚了。而婚姻成为他成年痛苦生活的一部分。

> "……这并不是婚姻，这是安排，是安排。你可能会说，可能，这是一个命运的脚本。在基督教社会里，你不能离婚，想都不要想。"

（第五次访谈，2006 年 12 月）

十五年之后，

> "……一天，我说，我要离婚。我是在解救我自己。我感觉我快要死了……我在踩蹋我自己。我可能，我可能装得太好了，因为教会的每个人都觉得我们婚姻幸福。但是我，我自己知道，这不是真实的自己。然后我说，我说，我只想离婚。"

（第五次访谈，2006 年 12 月）

因为离婚，保罗退出所属的宗教社区，而宗教社区长期以来一直是他生活的一部分。

> "……我开始，开始意识到我的生活只是，只是在这个基督教

世界，服从和遵守规则。"

（第三次访谈，2005 年 6 月）

不仅宗教支配着他的生活，在心理治疗的过程中，保罗开始意识到他

"……有点像我父亲的……我父亲的一条腿……"

（第二次访谈，2004 年 11 月）

保罗的父亲把很多个人意志加到保罗身上。同时，受严厉宗教的影响，保罗

"……可能[咯咯笑]更愿意去取悦别人，而不是发现我自己的需求和愿望。"

（第五次访谈，2006 年 12 月）

离婚之后，保罗觉得自己成为一个更"丰富多彩"的人。他结交新朋友，参加那些教会批判的娱乐活动。但是，他也讲到了自己在教师培训学院时的孤独和不开心，一些同事鼓励他做研究，并最终"拯救"了他。

在挪威，保罗

"……不能做我自己。"

（第二次访谈，2004 年 11 月）

就好像

"……如果你想去，去开始新的生活，你得越过重洋，丢弃一些东西。"

（第二次访谈，2004 年 11 月）

到英国读博士为保罗带来了一些学习上的挑战。

"这可能是最难的。最简单的事情就是做我自己，[长时间停顿]但是我跟，我跟别人不一样，作为一个挪威人，我跟别人不一样，我不……[停顿]，我过来一段时间之后才进一步意识到这一点。很难解释，但是，这更是一种感受，[长时间停顿]这不是说我在这里找不到理解我的人或是什么……但是我想，[停顿]我可以做我自己，我可以安全地做我自己……就是做我自己……就是做我自己……我跟别人不一样，在某种程度上，我更自我了。但是我想，我也改变了，因为当我来到英格兰，很难解释，……呃……，我来的第一个春天，我的过敏就消失了。过去，每年春天我都会严重过敏，我还在等着过敏呢[大笑]……哮喘，哮喘过敏，嗓子哑，都没有出现。五月，桦树都长出来了，我没有哮喘，没有过敏，嗓子没哑……当我回到挪威，又得了哮喘……我确实，当我回到我父亲家，我确实有一些奇怪的症状，嗓子又不好了。当我回到挪威的时候，为什么就不一样了呢？难道那不是我吗？……我在这里过得好多了。"

（第二次访谈，2004 年 11 月）

叙事品质

保罗·拉森的叙事强度很高，他的讲述很长，很详尽，很细致。例如，初次访谈前，他书面回忆的生活故事有 13 页之长。在此之中，他对自己的生活进行了描述、解释和评价。在之后的访谈中，保罗也继续对生活进行详尽阐述。阅读"日志"的时候，我们很难看出里面有多少演练的成分，很难判断出他在撰写过程中进行了多少检查和修改。但是，在阅读访谈的转录文本后，保罗告诉我们他的感受：

"……读自己的故事时，我有点儿惊讶于自己的生活空间，我出生在一个错误的地方，那么想逃离自己的家。我一边读一边想，我都不知道，我都不知道我竟然讲了这么多。所以我想，当你跟我谈话的时候，我做的只是……呃……，解读我自己的想法，还有，这些想法总是结结巴巴地说出来，因为……呃……，它们是下意识的，我之前从没讲过这些故事。我尝试着去想象，我，作为一个小男孩，我在想，我那个时候在想些什么？然后，我尝试着把思绪拉回来，尝试去理解，作为五岁的小孩，我当时到底是怎么想的。"

（第五次访谈，2006 年 12 月）

从孩童时代开始，保罗就一直在反复思考自己的生活故事，也梦想着其他的存在方式。

"我想，很小的时候，我就做了很多老师没让我们做的事情。可能我的动机就是：通过做更多事情，扩充自己，扩充我的思想和幻想，因为我总是心存幻想。"

（第三次访谈，2005 年 6 月）

"我想我在上学时想得更多的不是学习成绩，更多的，更多的是个人的事情，我自己的动力。我没有，我没有想过毕业以后要当作家或是其他的什么。我没有。我喜欢写作，然后我写的故事总是比老师要求的高很多……我总是会超越老师要我们写的话题。有一次，老师让我们写一个相关的经历，当我开始写，我的想象把我带走了，把我从老师让我们写的话题上带走了。所以，我想，我猜，我猜我经常做梦。如果你知道我在说什么，幻想和做梦作为内心世界，也可以说是白日梦，我想我越来越频繁地把写作当作白日梦。所以，……呃……，所以逃离的念头，从某些事情中逃离的念头，……呃……，很早就进入我的，不是有意识地，但进入到我的写作中。然后我想，我也把音乐……呃……当作一个逃离的出口，让自己不受限制……呃……不受束缚……呃……因为这些限制或束缚太严苛了。"

（第三次访谈，2005 年 6 月）

"［音乐］是我的白日梦，我猜我一开始做的白日梦就是音乐。因为我一个人待着，我一个人待着很开心……"

（第四次访谈，2006 年 2 月）

还有其他的梦：

"……关于飞翔。呃……事实上是，事实上是跳下来，从山坡上跳下来，这个梦我经常做。我正从山坡走下来，然后我开始跳，然后我决定脚不着地，这个想法在我的梦里过了一遍又一遍，它非常真实。我感觉我的脚并没有着地，我在飞，我在漂移。［叹气］我就这样决定了，我不要脚着地，我就这样漂移下来，我享受飞翔……我记得有这样一个梦，我能在房间里站立，然后我就做了一个决定，我在梦里也能做决定。我深吸了一口气，然后，我就从地板上升起来了，我在房间里漂移，我也能决定是悬在原位上还是靠近天花板。我能，我能往下沉，但我决定不接触地板。所以我就，我就这样漂移着。我一辈子都在做这样的梦。我只要做决定就好了，想怎么飞就怎么飞，这种感觉真棒，感觉很真实，我真的觉得我会飞。"

"但是，那个时候，你小的时候，你八九岁的时候，当你做这些梦的时候，你还能记得吗？"

我记得，是的，我记得我做过这样的梦。我，我想这是自由，我没有。我在梦里体验了自由，这种感觉真棒。我想，我把这个梦当作自由来体验，这很值得。生活很紧张，我想我在晚上的时候，在我的梦里，逃离紧张的生活。所以，这是一种逃离。"

（第三次访谈，2005 年 6 月）

梦想着其他的存在方式以及其他的居住地方是贯穿保罗全部生活的重要主题，其中最明显的一点就是离开挪威。

"……还有我想念的东西，这让我思考。我现在住在诺福克的市中心，这里没有山、没有河、没有海。我怀念以前的日子，我可以就这样走到海边，就这样坐在那里，就这样，看着。我不知道这是什么，但是，这给了我一个看问题的角度。当我去布莱顿，就这样坐在那里，向远处看看。可以说，思绪又回去了。是的，可能思绪又把我带回我居住过的地方，离海那么近，划船、捕鱼。所以，记忆又浮现了，但是记忆的视角就是距离和时间。所以，中间发生的事情，中间发生的所有事情，就是我谈论自己的视角。哦，就是那个，就是那段时间，就是那个阶段，就是那件事。哦，那是一段艰难的时光，哦，那段时间不错。所以，我想，我开始，重新活了一遍——可以说是重新活了一遍吗？——重新在脑海里活了一遍。还有，我能，有时候我非常擅长图像化。所以，即使没有闭上眼睛，我都能把自己带回我去过的地方。如果闭上眼睛，我都能找到身临其境的感觉，好像真的在那里了。我可以看见，看见这些图景，我可以听见风的声音、海的声音，或者其他声音，事后也能很容易回想起那些声音或面庞。当我在挪威的时候，这一切离我很近，但是现在，它们离我很远，那就是，我可以说这是精神上的距离……我可以更好地听到父亲说话，现在，他离我更近了。所以，他虽然不在，但却离我很近，这就是精神上的距离。所以，当我图像化，我可以进入我详细描述的情境。所以，我想，这件事情最棒的地方就在于它能治愈或疗伤。我可以通过意念中的回归来修复过去。通过想象，我可以修复过去的事情。因为当我，有时候当我回归的时候，在我的脑海中，在我的记忆里，以前的感觉回来了。例如，我曾经得过幽闭恐惧症，现在我已经这么大了，我能够回忆起我曾经的恐慌，但是，现在我能够修复它……当我回到过去并图像化时，我又一次在那里了。所以，我重新活了一遍，那些重要的人生时刻，那些痛苦的心情，我进去重新体会了一遍。对我来说，重新体验过去的痛苦并不危险。我不理会它，然后，它就消失了。所以我想，就是通过这样的方式，再活一遍。"

"你是不是现在才觉得你能够回到过去、面对痛苦？"

"是的，我想是的。我想这一步这么戏剧性，这么一大步。我说过，我为我的整个人生承担更多责任。现在，这个经历更为完整了，包含每一个细小的部分。"

（第二次访谈，2004 年 11 月）

保罗经常图像化、做白日梦和幻想。

"好多次，我都觉得自己是可以自由穿梭的，不可思议。例如，我可能，可能会在世界上另外一个地方。比如，当我在书中读到各种各样的地方，如丛林、沙漠时，我就会想象我在那里，我想我有这种能力。我不知道从哪来的能力，但我就是有这种能力。我能很快想象从现在待的地方游离出去，正在读书也好，正在看电视也罢。我会想象，想象我已经在那个地方了。所以我经常说我自己是，是在做白日梦。从这个意义说，是白日梦。因为，我的思绪可以回来。当我回想起我在那里的情景和事件，它们是那么真切，各种感受——太阳的温度、气味、声音，它们都回来了，所以这一切是那么真切。如果这可以被叫作白日梦的话，我想是的。过去是我想去另外一个地方的愿望，现在是做白日梦。我不知道为什么，不知道为什么。是的，可能就是想去另外一个地方的强烈愿望。我想我真的生错地方了……"

（第四次访谈，2006 年 2 月）

"我想音乐一定是一种，一种做白日梦的方式，所以……"

"能具体说说吗？"

"是的，音乐是一种方式。如果你进入音乐的世界，聆听音乐，你都不用待在那个房间，音乐就能把你带到其他地方。"

"但是，音乐把你带到了哪些地方？当你跟着音乐走的时候，你都去了哪些地方？"

"［停顿］也不一定是其他地方，也可能是别的时间。比如，暖和一点儿的季节。挪威很冷。我记得有时候我都冻得瑟瑟发抖。所以，我可能就想到了当我，音乐是，是能源。我猜音乐能让你的身体暖和起来，或多或少，聆听音乐时，你的身上充满了能量，所以，音乐能让你的身体暖和起来。就这么坐在那里，音乐开始了，进入你的大脑，你的身体就能暖和起来。坐在扩音器前，这种能量真的会撞击着你，是吧？撞击你的耳朵。"

（第四次访谈，2006 年 2 月）

保罗的叙事不仅强度高，还有着较多的分析和评价。同时，他的叙事还有着明显的情节，即有一个情节帮助他筛选和组织生活故事，并给予意义。保罗生活故事的情节似乎就是在寻找一个地方，或者用他自己的话，寻找能做自己的地方。对于保罗来说，想要"自己的生活"这个想法与他不断寻找他能做自己的地点和空间紧密相连。这意味着"从这个房子出去"。在这里，房子既是物理环境和地理位置，也代表着他与父母的关系，甚至反映在他"生错地方"这样的感受中。音乐为他提供了这样的空间和地方。他想要"自己的生活"（包括离婚、脱离宗教社区）以及搬离让他"没法做自己"的挪威。

从访谈中我们可以看出，保罗意识到这个情节的存在。换句话说，这个情节并不仅仅是我们通过分析发现的组织原则，也是保罗持续反思和叙事的一部分，是他反思中至关重要也极为困难的部分。最后一次访谈时，我们追问保罗关于自我的寻求，以进一步探究这一话题。

"你过去在寻找什么，现在在寻找什么？你说你在寻找这个，你在寻找那个，你在找什么？如果让你总结的话，它是什么？你寻找的主题是什么？"

"嗯，我想，……呃……，我想这反映在你上一次的问题中。[轻声地笑]

"在找自己是谁，自己是什么。还有，当然，每个人都在寻找爱。但是，什么是爱？"

"那得是，真实的自己受到认可，而不是被强迫做，……呃……，别人觉得好的事情。当然，在我心里，做自己的标准到底是什么？这很难回答，这个问题很难回答。当你问自己，我是谁？[大笑]这很难回答。但是，我想主要就是我能不受约束地说我想说的话，说我自己的想法，表达我自己的观点和感受，没人叫我闭嘴，没人会叫我停下。我家乡的基督教文化是有点专制的，是的，有点专制。音乐就不同了，没人会压制音乐，我们可以尽情地唱。我想，音乐是一种催化剂，我们在寻找自我时的催化剂，……呃……，我想很多人通过音乐找到自己。很难说你为什么喜欢这种音乐或是那种音乐。比如，我不知道我为什么喜欢，喜欢爵士乐。可能是因为我的姐夫总是，总是吹这样的调子。当我还小的时候，他——我姐姐比我大 12 岁，所以，当她结婚的时候我还很小，我只有 11 岁——他来我们家的时候，总是吹着爵士的调子。"

"但是，音乐有没有奏效？你刚才说，通过音乐寻找自我。音乐有没有帮助你？从这个意义上讲，音乐有没有帮助你找到自我？"

"唉，我不是一个音乐家，我又不出去举办音乐会。我不知道这些想法有没有把我拉回来。比如，我技术还不够好，我没有，……呃……，我不像那些事业有成的音乐家那么有勇气。我从没想过把音乐当作事业，但是……"

"说你不够勇敢，具体怎么说？"

"站在舞台上，……呃……，表演，忘情地表演，我不知道。你得想办法跳出你自己。过去，我总是想成为一个小丑，可能我可以做一个小丑。当我很小的时候，我总是很喜欢小丑。我也很喜欢演员。所以，可能有一种恐惧。为什么我不能做个演员？四五岁的时候，我总想成为电影明星或者其他什么的，我不知道为什么[轻声地笑]，但是很多小孩应该都有过这样的愿望。所以什么时候，从什么时候开始你真的知道自己想成为什么？"

"在找寻自己的路上，你走到哪一步了？"

"现在，今天？"

"……嗯……"

"现在，我在两个世界里，音乐的世界和学术的世界。这是一个很难，很难的选择，刚才我又在申请一个新的奖学金。我不知道在两个世界里都做到有创造力得有多难，如果我，如果我人格分裂[轻声地笑]，非常分裂，同时做到在音乐上有创造力，还做学术写作和研究，这难不难？这是两个不同的世界。"

"如果要把这些方面统合起来，你觉得会是怎样？"

"统合起来？"

会怎么样，你想过吗？

"能统合起来吗？我，多重的我？"

（第六次访谈，2007 年 10 月）

叙事功效：学习潜能和行动潜能

关于叙事功效，第一个问题就是，保罗有没有从叙事中学习？有充分的证据显示，他确实从生活叙事中学习。通过对生活进行分析和反思，通过建构生活故事，保罗找到了生活的核心主题，即寻找可以做自己的地方。这个情节设置，显示了他确实在反思和建构自己的生活故事，并从中学习。跟其他很多参与者不同，虽然寻找可以做自己的地方已经是他生活的核心主题，但寻找（以及关于寻找的讲述）还在进行。这一点对我们建构叙事学习理论非常重要，也是保罗这个案例的特殊之处。一方面，这不奇怪，因为对于很多人来说，了解自我是毕生的追寻。但是，奇怪的是（尤其跟其他参与者以及与它类似的参与者相比），在他所有的叙事、分析和反思中有一种迂回的感觉。在一定程度上，保罗在继续寻找他已经知道的答案，而不是运用这种知识"向前走"。因此，保罗的叙事可以说有着较高的学习潜能，却缺少行动潜能。也就是说，保罗的学习没有转化为行动。

也许我们可以从心理学上解释这个问题，但这不是本书的目标和重点。对我们来说，关键的问题是我们能否从叙事品质的角度来理解这一问题。这与保罗叙事中的悖论相关。一方面，我们可以说保罗是所有访谈对象中最富经验的叙事者。他看上去就像生活在"叙事中"。这意味着，他在不断演练和叙述自己的故事，就好像生活在故事里，可以说故事是他主要的生活世界。他也非常擅长正式的学习。他在晚年还获得了博士学位，并且一生中在不同的领域学习过。但是，他的寻找和学习却好像变阻碍了而非促进了他的行动和自我探索。我们可以说，保罗的叙事中有太多的叙述、反思和分析，而这限制了他"向前走"的机会。保罗似乎完全沉浸在他的叙事中。例如，在第五次访谈快要结束时，在访谈进行了三小时后，他说"我从不觉得累"（第五次访谈，2006 年 12 月）。他经常好像希望通过讲述自己的故事来理解自己，理解世界。问题是，对保罗来说，叙事经常变成目的和结果，而不是分析的手段和行动的途径。所以，通过保罗，我们看到了另外一种叙事学习的类型：叙事可以带来学习，但并没有轻松转化为行动，因为叙事太多，因为叙事更像是一个结果，而非行动的途径。因此，在讨论叙事学习的行动潜能时，我们不仅应关注有没有叙事学习，更要关注学习和行动间的平衡。

/ 第八章　伊娃/

伊娃(Eva)的生活故事除了描述还有解释和评价，她在自己的生活故事里交织了别人的故事，包括她所生活的社会、文化、政治环境。跟保罗、第欧根尼等参与者类似，伊娃的故事叙事强度很高，并伴随着持续的反思、分析和评价。但特别有趣的是，自我意识在她持续的叙事中发挥着作用，为她提供了与新地点、新情境互动的灵活性。从这个角度看，伊娃的案例对我们探究叙事的灵活性极为有用。我们在讨论约翰·皮尔时，也提到了叙事的灵活性问题，我们将在这一章对伊娃和约翰进行比较和分析。

伊娃的生平

伊娃于 1971 年出生在罗马尼亚特西凡尼亚地区的一个城市，他的父母都是音乐家，父亲是基督教匈牙利人，母亲是犹太教匈牙利人。因此，伊娃一家在罗马尼亚属于被压迫的少数民族裔。从小到大，她经常看到父母，尤其是她的父亲，参与反抗。受家庭影响，她有着强烈的身份认同。

"主要因为我们是，我们是少数民族，主要是因为政治冲突、压迫，这给了人们很强的身份认同，……呃……，因为你没法成为那些人。[大笑]所以，在某个方面，你是你不能成为的那个人……在罗马尼亚，你是一个匈牙利人，这就是说你这也不能做那也不能做，……呃……那就是，你，你是那个不能的人，[大笑]这给了你一种很强烈的感觉……呃……呃……要去奋力争取……我想，在我很小的时候，我一定是被这种匈牙利人的文化斗争所定义，我在很大程度上就是其中的一部分。"

（第四次访谈，2006 年 5 月）

虽然他的父亲是个音乐家，但他鼓励伊娃涉猎许多领域，尤其是科学。而且，他的父母一开始并不希望伊娃成为音乐家。在预备学校的时候，伊娃宣称她想成为小提琴家，她的父母曾尝试打消这个念头，但最终还是支持了她的决定。

在伊娃生活的语境中，不管是她的父母还是她所在的国家，都要求孩子有最好的表现。对于伊娃本人来说，她也特别期待大人对她的能力进行肯定。伊娃觉得，部分原因是她的家庭有点不正常。一方面，她的父亲是一个非常积极的人，总是鼓励女儿用新奇的眼光看待周围的事物；另一方面，从七岁开始，她的父亲就有暴力和酗酒倾向，这严重影响了她的童年时光。

"你总是想超越吗?"

"我想,从我记事以来就一直这样。真的很可悲[大笑],是真的。真的很可悲。但是,是的,是的,我想是的。我想是的⋯⋯我想一开始很有可能⋯⋯因为家里发生的事情,⋯⋯呃⋯⋯,我需要别人喜欢我,不知怎么的,我就觉得只要我足够优秀,大人就一定会喜欢我⋯⋯我喜欢别人喜欢我,⋯⋯呃⋯⋯,然后我就想如果我聪明,如果我一直聪明,如果我一直努力,你知道,超越,这也最好,那也最好,⋯⋯呃⋯⋯,然后大家就会喜欢我啦⋯⋯这是非常特殊的,智力上的超越。你知道,在你做的事情上出类拔萃,不是品质上,而是知识上,你知道什么、知道多少。"

(第二次访谈,2005 年 8 月)

从四岁开始,伊娃就想成为一名音乐家。根据伊娃的描述,她想成为一个音乐家并不是因为她出生在音乐世家,而是因为她生活在"共产主义如日中天"的氛围中。

"⋯⋯一个六岁的小女孩开始演奏小提琴。那个时候我四岁,我太崇拜她了。她是我的大朋友。当,你知道,当一个小孩开始拉小提琴,其实也不会太好听[咯咯笑],但那个时候我就觉得,这音乐简直来自天堂,我也想拉小提琴。然后,我才四岁,我回到家，跟家里人说，我也想做同样的事情，跟那个女孩一样。我想拉小提琴，然后我妈妈说：没门。[大笑]门都没有。然后我说，是的，我就想去拉小提琴。我有一些很好看的图片，里面有……呃……我有……呃……一把剑。你知道，我总是玩一些男孩子的玩具，一把塑料剑正插在什么东西上。所以，我把剑拔出来，你知道，我开始假装这是一把小提琴，然后开始拉，然后说，是的，我要拉小提琴了，我不仅要拉小提琴，我还要用另外一只手拉。因为我是习惯用右手的，我搞不懂人们为什么要用左手拉小提琴，因为我觉得这肯定很难，所以我要用右手拉小提琴[大笑]，我四岁的时候就决定了。"

（第二次访谈，2005 年 8 月）

尽管说不同意，但她的父母还是为她提供了让梦想启航的机会：

"……当我还是一个小女孩的时候，看到人家在管弦乐队拉小提琴，我会很激动。我想，那简直太美妙了。那就是我想做的。[大笑]"

"嗯，所以，你确实有过那个梦想。"

"当然，因为我被带到……还有，也可以说是逐步渗透的，因为我的父母带我去音乐会。比如，他们带我去看了耶胡迪·梅纽因的演奏，他在贝多芬交响乐团拉小提琴，我觉得这是我能想到的世界上最奇妙的事情了。所以，那就是参照标准。很小的时候，我就定下了这样一个目标。"

（第五次访谈，2007 年 7 月）

虽然伊娃说父母反对她的音乐梦，但他们还是在伊娃六岁的时候就把她送到音乐学校。伊娃想要做到在智力上和音乐上出类拔萃，她的家庭和学校为她提供了支持。

十五岁的时候，她和母亲、弟弟一起搬到以色列居住。在以色列，她继续学习音乐。新生活与过去的生活非常不同。

"……是一次冒险，真的，就是一次冒险。一开始觉得很不真实，不像真实的生活。好像什么事情都跟以前不一样，自由的感觉，言论自由，思想自由。非常，非常，非常不同。"

（第二次访谈，2005 年 8 月）

但也有经济上的困难，以及她不得不去学习新的文化、语言和宗教。而在这一切的中心，只有书本和小提琴来自"过去的世界"。

"……我从罗马尼亚带过来的小提琴，我的身份认同跟小提琴、拉小提琴缠绕在一起，因为那就是我。我是一个来自罗马尼亚的拉小提琴的人。呃……我当然想做到出类拔萃……呃……把小提琴拉得最好。我知道，我不是最好的。我很好，但我不是最好的。"

（第二次访谈，2005 年 8 月）

伊娃开始跟着一个匈牙利老师学小提琴，但那个老师的教学方式摧毁了她的自信，她开始质疑自己是否能成为一个小提琴家。就是在这个阶段，自信丧失加上在以色列生活的艰辛使她进入一个她所谓的"半宗教状态"：

"我曾有过半宗教阶段，大概十六七岁的时候，去认识并了解犹太教。然后，我十九岁的时候就停止了。所以，……呃……，我曾接触过犹太教，……呃……那很重要，因为那是，那是一段非常艰难的时光。我是说，我把它描述得很让人兴奋，但是你知道，我母亲工作得非常非常辛苦，我知道我们什么都没有，所以，你知道，我不得不做好……呃……所以，接触犹太教可能就是一种情感的突破口，……呃……所以，非常有趣，它让人着迷，让我熬过了非常非常难熬的两年。"

（第一次访谈，2005 年 7 月）

后来，伊娃换了一个老师，并逐渐在音乐上走上正轨。之后，在去美国参加了一个夏令营后，她变得更有自信，也不再需要宗教了。

"……七年的时间去说服自己，我可以成为一个小提琴家……即使花了这么长时间，我也没有被完全说服。[大笑]所以，这也是自我怀疑。那个时候我在想，如果不拉小提琴，我还能做什么。其实也没有其他特别想做的事情。可能也跟家庭有关，因为，虽然我家只有我一个人拉小提琴，但是，他们都是做音乐的，我还真没想过要去做别的事情。"

"但是，你花了七年的时间让自己相信你可以成为音乐家，其中还有另外一个老师的鼓励。很多人可能就会中途放弃了，他们会说，我做不了。他们会在那个时候放弃，然后说，我去做点儿别的事情。但是，是什么原因让你坚持下来？"

"我想，[停顿]我想主要是因为害怕[轻声地笑]放弃。怕放弃，而不是做不好。还有，我以前说过，这是一项非常忠诚的投入，因为你每天都得练习，你每天至少要练习三四小时，我一直在练。从很小的时候就开始，每天练习两三小时。这是一个生活的例行程序，非常根深蒂固，这就是我，这就是我做的事情。我是那个拉小提琴的人。在家里，我是那个拉小提琴的人，因为没有的小提琴家。我家有好多音乐家，但没有小提琴家。在学校，我是那个拉小提琴的人。我把自己看作那个拉小提琴的人。"

（第五次访谈，2007 年 7 月）

伊娃展示了她的决心和坚毅。

"但是，你的小时候，你有没有，比方说，我不想拉了，我想去做点儿别的什么事情？"

"不，不，我一直知道这就是我想做的。从四岁开始，当我决定我想拉小提琴，我父母说不行，那一刻开始。所以，这非常典型，你知道，小伊娃，然后，尤其因为他们说了不，[敲了一下桌子，大笑]我一定要拉小提琴，因为他们说不。同样的事情一遍又一遍地，同样的事情，你知道，我很固执，你知道，坚持，即使全世界都反对。所以，那可能就是我坚持下来的原因。还有，因为，正如我说，我所在的学校体系，学习轨迹非常明显。在音乐学校的时候，我所有的朋友，所有的人都在学习音乐。我并不是，并不是一个人在学。这跟现在的体系不一样。比如，如果你在，如果你在一个公立学校，如果你玩乐器，你就是那个奇怪的人，你可能就会被人找碴儿、嘲笑，或者其他的，因为你玩乐器是女里女气的。但是，当你在一个专门的音乐学校时，每个人都在玩乐器，每个人都想在自己的领域做得最好，竞争很激烈，然后，这就变成了你想做的，因为所有的人都在往前走，这就是惯性，让你度过这一切。去以色列以后，我，我，我得去一个艺术高中，那里有，那里有不同类型的艺术。我是说，那里有，那里有古典艺术、芭蕾、戏剧和音乐。我所在的班级专门学音乐。所以，其他班级的小孩可能也会对其他艺术形式感兴趣，……呃……，但是我们班的同学是最投入的。还有学芭蕾的班级，他们学得也非常非常辛苦。另外，我总想的事情是，一切都很好，大家都在努力学习，但是真的是在为音乐献身吗？我总是想，不是的，没到那种程度。既来之，则安之。努力工作，是古老的优良的东欧传统。我从没想过我应该做点儿别的事情，因为那是一个非常好的学校，教育质量很好，所以，我为什么还要想做别的事情？呃……从那里毕业以后，我就成了一名军旅音乐家。做一名军旅音乐家可以避免服兵役，还可以让我继续我的音乐。呃……那可能会是另外一个转折点，我的人生轨迹可能会有所不同，因为我可能不被录用。如果那样的话，我可能就得做点儿别的事情了，因为服兵役的两年时间里我可能练不了小提琴。我知道有几个人就是这样，他们没成为军旅音乐家，后来也没成为音乐家。大多数人都放弃了，去做了别的工作，音乐就只能成为一个爱好。再一次，命运把我带到这个方向。然后，去军队以后我就上了音乐学院。这很正常，因为学院跟部队有协议，你可以把两者结合起来。学习其他科目就不行了，你得先服兵役，然后再去上大学。但是在这里，有一些协议，你可以这么做。所以，当然能省下时间，因为结束服兵役的时候我就已经是大三了，而不是大一。还有，那也是，那也是我一直想做的事情，我一直想去音乐学院，然后就去了。然后，接下来就是巨大的问号，不知道下一步做什么。然后，我开始对巴洛克音乐感兴趣。我想，是的，那就是我接下来要做的事情。然后，这就成为我的了。我想，就是在那个阶段，生活的脚本变成我自己的，而不是别人强加在我身上的。"

（第五次访谈，2007 年 7 月）

巴洛克音乐并非她为自己规划的终极"目标"，更多的是机缘巧合。

"……如果我没有，你知道，凑巧选修了这门课。如果，我那个朋友没有退出排练，让我替代他参加那场巴洛克管弦乐表演，我可能就不会成为一名巴洛克音乐家，至少肯定不会在这里……"

"就那样发生了？［大笑］"

"［大笑］完全是巧合。绝对的巧合。当然，其中也有，你知道，我现在看得出来，在此之前我对它有点兴趣。有人给过我一些磁带听，我总是想，哦，太美妙了。当然，这也非常不同，有点属于非主流。你知道，可能，吸引了很多人的地下运动。但是，我从没想过要认真去做巴洛克音乐。直到一些事情发生了，我真的开始做了，然后我的热情被唤起，就彻底从事这一行了。"

（第四次访谈，2006 年 5 月）

伊娃把巴洛克音乐的吸引力与她早年的生活联系起来。

"还有，当然因为里面的一些东西有一点儿颠覆性，有一些东西不是太主流，对我来说非常具有吸引力。就好像，你知道，我小时候参加匈牙利人的斗争……呃……所以，我对巴洛克音乐非常投入。巴洛克音乐在欧洲非常成熟，但不幸的是，在以色列并不是很成熟。"

（第一次访谈，2005 年 7 月）

这成了伊娃的一个

"……小圣战。呃……比方说，我之前说过，在以色列，巴洛克音乐并不是很，……呃……并不是很，……呃……很被接受。不是很，很受欢迎，……呃……，好几年了，我都尝试回到以色列，在这方面起一些作用。……呃……我看到了，一点儿一点儿的进步。你知道，十年前人们会想，别闹了，别傻了，你在说什么？巴洛克音乐？……呃……现在，有人就会跟我说，哦，事实上巴洛克音乐还挺有趣的。你知道，老师，乐器老师，我读书时认识的音乐老师，……还有，曾经完全反对巴洛克音乐的人。……呃……，现在，每次介绍完巴洛克音乐，一些人会过来跟我说，事实上巴洛克音乐非常有趣，还有，你能不能给我们开一堂课，等等。所以，已经有一些改变了，真的很棒。所以，我想，这就是我目前的小圣战，[大笑]这并不是一个社会运动，但是，[大笑]但是，我能够用它来证明我的观点，你知道，证明我的观点。"

（第二次访谈，2005 年 8 月）

她通过巴洛克音乐取得的成就可能也是通过其他领域(如演奏小提琴)所不能企及的。

从高中到大学，作为音乐家的伊娃也发生着改变。一开始的时候，她的演奏是这样的：

"……调子都对，声音很好听，但它们完全没有感情。完全没有情感的表达。"

（第二次访谈，2005 年 8 月）

之前提过的匈牙利小提琴老师严重影响了她的自信，之后她又找了另外一位小提琴老师。通过这个老师，她知道了：

"……关于小提琴的一切，也知道了，拉小提琴事实上是在表达你的感受，我从没想过这也是拉小提琴的一部分。我过去觉得，拉小提琴就是在克服障碍。你知道，有技术上的难度，然后你就记笔记，去认真研究那张课件，然后你得，你知道，那里的运弓很难，克服这一点就成功了，而不是理解作品的意义，作曲者的意图……呃……你知道，为什么作曲者这么写，而不是那么写。那也是我在以色列才学到的，这是最大的不同，这在很大程度上影响了我今天的样子。"

"如何影响了你？"

"我想它使我能，能表达某种内心，内心的声音。让我认识到，认识到我可以表达自己的感受。不仅仅是用语言表达，还可以通过，通过音乐。呃……那是一个，一个非常新奇，非常新奇的体验。"

（第二次访谈，2005 年 8 月）

这也是一个持续的过程。

"当我意识到我真正喜欢的是巴洛克音乐以后，这种感觉就越来越强烈了。呃……因为我感觉这真的是我的东西，我……呃……，跟充满竞争的激昂的主流音乐相比，我觉得我跟它产生了更多的共鸣。呃……我越来越意识到音乐需要表达……我最终意识到，我确实可以成为一个表演者，如果我尝试巴洛克音乐，我可以根据自己的标准来演奏，因为那让我觉得很舒服。而在此之前，我，我不太确定。因为我不是最好的，我不太确定我是否会觉得自在，我不是百分之百确定。我知道我想做音乐，但是我不太确定我这么拉小提琴是否可以……呃……，是否足够好，呃……是否能让别人满意，等等。"

"确实很有吸引力，对吧？现在，不仅仅是演奏的技术。"

"当然，当然，当然。当你，当你开始与它产生共鸣，当你开始真的与它联系在一起，当，当小小的火花点燃的时候，[大笑]你知道了，它是你的一部分，是你可以对它做什么的一部分。不是一个，干燥的，干燥的物质，单纯地在那里获取知识、技能或信息，真正带来改变的是你对它做了什么。它能改变我们，反正它肯定改变了我。它改变了我的思维方式，跟人交往的方式，以及……我曾经非常非常内向，但它让我变得自信，改变了我跟他人的交往方式。我可以，……呃……，跟他人进行正常的日常交往，[咯咯地笑]跟人交往的时候别人能理解我，我不会被误解。那就是，你知道，那带来对话，跟他人的对话……呃……它给了我某种自信，让我相信，我可以的，我可以做好，不会有问题。"

（第二次访谈，2005 年 8 月）

想成为巴洛克音乐家的愿望让伊娃最终决定从以色列搬到英国，因为英国有更多的机会。搬到英国是伊娃主动决定的，但是

"……至少十年的时间，我都在被动地等待。有人说，好，你应该为谁谁谁弹奏，然后为谁谁谁弹奏。好，我希望你见见谁。在三年的时间里，我都是这样做的。可能因为某场音乐会，有人认识我了，新的演出机会冒出来了，那我就又去了。所以，所有的事情都是别人给我计划好的。在这个过程中，我没有主动去寻找机会，除了一开始把我自己放到市场上。我总是想，哦，那很好，如果那件事情发生的话，很好。呃……但是，我没有太主动出击，就好像我很开心先这么着，[咯咯地笑]不管怎样都行。"

（第五次访谈，2007 年 7 月）

但是，过了一段时间以后，她觉得自己要被"禁锢"住了。

"有一段时间，它好像变成了一条禁锢线。我是说，有两个不同的方向，你知道，这个方向，那个方向都来了，……呃……那边有一些很刺激的事情，……呃……但是现在有点儿禁锢住了，所以现在需要一些东西，需要一种推力……我需要到下一个阶段……我需要被推一下，进到下一个水平。"

（第五次访谈，2007 年 7 月）

"……刚成为巴洛克音乐家的时候，当然我已经读完大学了，一开始在管弦乐队工作，大多数人都这样，除非个别特别有天分的人，他们可能会直接成为明星……呃……我一开始就是在管弦乐队工作的。但是我很清楚地记得，大概是在 1996 年、1997 年，我想就是这样了？就是现在这样？这就是我现在的生活？你知道，现在我是一个演奏巴洛克音乐的管弦乐队音乐家，这比演奏其他类型的音乐要让人兴奋。我非常激动，我可以跟，你知道，所有这些世界一流的乐团合作。然后，我还在想，就是这样了吗？我应该怎样突破？然后机会来了。"

（第五次访谈，2007 年 7 月）

她不再仅仅是一个

"……普通的乐队演奏者，更像是首席演奏员。然后从那个时候开始，就有了很多附加的活儿，呃，我必须要做的事情。然后，从那一次事件以后，很多机会都来了。所以，在 2000 年的时候，游戏变了，我进入了下一个层次……这并不是我那个时候积极寻找的，不，它自己来的，它自己就来了，我，再一次抓住了机会。但是，这并不是我那个时候主动追求的。"

"但是，你抓住了机会，有些人可能就直接放弃了，这真的很好。所以，可能是因为你觉得在这里很自在？对吗？"

"因为，不知怎么的，是的，因为不知怎么的，内心有一种斗争。一个自己不太清楚、不太确信自己是否能完成这件事情；而另一个自己说：不，来吧，你知道，你比你想的要好，你能做好的，让我们拭目以待。我总是想，如果我现在不去尝试，我永远都不知道自己行不行。所以，知道自己行不行的唯一方式就是让自己出去，准备好面对一切挑战，失望也好。虽然很难应对，但是，如果不去尝试的话，你永远都不知道。如果我不来这里，如果不来英国，我来英国的部分原因就是看自己值多少，在英国我是否可以比在以色列做得更好，成就更多。那个时候我在以色列的成就是非常有限的。呃……所以，我到这里来，来看看我是否足够好，是否可以跟一流的乐队一起演奏。然后你看，你知道，我能跟一流的乐队演奏。所以，我可以的。好，然后，我们来看看下一步会怎样，我能不能做好。好，现在看来，我很好，但还是有很多的怀疑，很多的自我怀疑。你知道，我是否足够好，我完成任务了没有，然后你就会一直自我审视。我并不是一个很有安全感的人，你知道。有些人可能是这样的，还不错，那就这样吧。而我是这样的，好，我想这么做，也许也能换种方式。我们先这么做，先这么试试，然后再看到底会怎么样。"

（第五次访谈，2007 年 7 月）

叙事品质

伊娃的叙事强度很高。她的叙述很详尽，并充满分析、反思和阐释。她不仅对生活进行描述，也在解释和评价。而且，她的生活故事里交织了别人的生活故事，包括她所生活的社会—文化—政治环境。初次访谈时，我们让伊娃来讲述她的生活故事，她的讲述非常详尽，转录的访谈文本有四页纸之多。伊娃非常善于表达，而且极具反思意识。而且，很明显，反思是她自我意识的一部分，不仅仅是她"存在"的方式，也是她理解自我的方式。

"我想我这人总是喜欢审视自己做过的事情……呃……呃……，我发现我也在审视别人的行为，然后下一个结论。这是，这是一个有意识的过程，当然，也是一个无意识的过程……"

"你说你在学习，其实是在观察和反思，我这么说对吗？"

"是的，我想，你先观察，然后反思，因为，反正我是这么做的。我观察，然后我反思，然后有意识地或是无意识地，可能更多的是无意识的，我做一个判断，这是好的，这是理想的。呃……所以，这个过程，呃，当然，我确定我在学习……呃……

更多的是无意识的……"

（第二次访谈，2005 年 8 月）

关于音乐的反思，她说：

"我只是琢磨。我不，我不会长时间地琢磨，更多的是灵光一闪。有一个想法，可能只是一闪而过，然后跟其他想法混在一起，过了两个星期，你才意识到原来自己有过这个想法。所以，然后你想，嗯，那很有趣，我得对它做点什么。"

"所以，这更多的是一边做一边反思，而不是坐下来全面思考？"

"是的，一边做一边反思，是一边做一边反思。"

（第五次访谈，2007 年 7 月）

对自己、生活和选择、成长之路进行持续反思成了伊娃故事中的情节。通过持续的自我理解和反思这个视角，伊娃讲述了自己的生活和故事。很明显，对伊娃来说，做自己的事情很重要。她感觉她需要

"……抓住机会，去抓住，并且追求我真正想要的东西，去加盖我自己的东西，因为我觉得这对我来说很重要。如果我成天在管弦乐队演奏，我就会很压抑、很情绪化……因为我觉得，我没有自己的事情。那是一个非常不同的思维模式，就像蚁巢里的一

只蚂蚁，你可以说，这是你的工作，你得做出自己的贡献。但是，你只是小小的你。你很重要，因为一个人弹不好，整个乐队都弹不好。所以，但是这是不同的重要性。当你，你知道，在那里弹奏巴洛克的时候，你可以说自己关于这段音乐的想法，而不是其他人的想法。"

（第五次访谈，2007 年 7 月）

对于伊娃来说，这是一个"不断的追寻，持续的追寻。[咯咯地笑]寻找我自己的声音，我关于音乐的看法"（第五次访谈，2007 年 7 月）。

"你和你的声音，那才是真正的动力和动机，对吗？"

"是的。"

"但是，事实上也还有其他的一些问题，对你来说有时候也挺负面的，对吗？"

"是的，对的。"

"所以，你如何应对那些负面的东西？"

"我应对它们的方式就是，只要我有一些东西在酝酿中，我知道那是我的，我可以为之奋斗，然后就可以了。我可以忍受，我可以接受自己的微不足道，你知道，微不足道。"

"因为那里还有别的东西。"

"因为还有别的东西我可以紧紧抓住。就好像，当我知道接下来三四个月什么演出也没有，那很难，所以我得确保我一直有演出。"

"你自己的演出。"

"排队邀请我。是的。是的。"

（第五次访谈，2007 年 7 月）

伊娃一而再，再而三地把她的故事拟人化。她讲述了在不同的角色中，她扮演的"不同的人"。

"我是一个音乐家，我是一个巴洛克音乐家，但不同的时段我是不同的人，今天是这个，明天是那个，非常不同。有时候有点儿，都有点儿觉得自己精神分裂了，因为你需要以截然不同的方式来维护自己的主张，你得改变自己的行为方式。在乐队表演的时候，你不能表现得像个领导，像个独奏者。我是说，有人是这样的，我知道这会让别人怎么说。这很恐怖。[大笑]他们觉得自己是个大明星。这是一件很恐怖的事情，同事之间不应该这样，所以你不会这么做。但是，……呃……，然后，你可能会处在一个完全不同的角色。比如，这段时间我们在演出，我也不是首席，我只负责其中的一个乐章，第一乐章的第二个小提琴部分，所以这是一个不太重要的角色。然后，在两场演出之间，中间有一个星期，我可能得去趟冰岛去导演个什么节目，我会是个完全不同的人。我得做个完全不同的人，因为我不得不，你知道，给他人灵感，让他人去尝试各种想法，激发他们的想法，等等。但那种时候我有时会发火，感觉自己……太没用了，不过已经变好了。这也是学习，一个学习曲线，从我几年前开始这些事情以来。"

"但是，到底什么让你发火？你刚才说，就是那些东西让你发火……还有，诚实地说，我坐在这里，我可以看出来，在你的身体里、你的脸上、你的眼睛里有一些东西，那是我。"

"是的，是的。"

"你觉得那是什么，是什么引起的？"

"嗯，可能，可能是强烈的控制欲，一切都在掌控之中。当你做那些事情的时候，你在负责，掌控一切，所以我可能更习惯控制好一切……呃……，但是，这更是一种我打算面对的挑战，我总是准备迎接挑战。越是有挑战，我成长得越好。我不太习惯风平浪静的生活，不习惯没有挑战。[咯咯地笑]比如，你知道，乐队表演很有挑战性，但是它跟负责整个事务、负责整个表演的挑战不一样，[停顿]那种挑战给你一个，给你一个巨大的高压。一个很大的，你知道，兴奋激发。所以我想这是一样的，我想就跟运动员竞争是一样的。你有那个了不起的目标，你就想到达那里，你想做第一，这是你努力的原因。所以，我也不知道为什么，因为我从来没有，这样的想法挺晚才有的，我小的时候真不是这样的。在音乐上肯定不是这样的。我学习成绩很好，但我在小提琴上并不是好到可以做一个领导，或者指挥，或者其他什么的。所以，巴洛乐音乐给了我一个平台，这方面的个性一下子就被激发了。我从没想过这会发生，所以它完全是，完全是意料之外的。

我从没想过我会那样。"

（第五次访谈，2007 年 7 月）

但是，在关于"意料之外"的叙事中，也有一个方向。

"……如果机会来了，我会抓住，然后，然后……"

"但是，这是因为它很适合……"

"是因为对挑战的热爱。因为我喜欢接受挑战，如果有挑战的话，我会全力以赴。如果只是顺风顺水的话，我做不好。"

"但是，你已经有了挑战的方向，这并不是一个普通的挑战，对吗？"

"是的，方向，方向就是在音乐制作上有更多、更大、更高的自我表达和权威，有越来越多的发言权。"

（第五次访谈，2007 年 7 月）

从这个角度看，"自主权"在伊娃的叙事中发挥着重要作用，她也尝试对"自主权"进行了客观分析：

"我在想，我相信很多人都希望能够做到自主，在各种影响面前还能坚持自我，我肯定是这样。但是，当你再察看一下，你可以想一下，是不是命中注定的？［大笑］可能我是。所以，一方面，我的生活是，虽然，如果别人问我，我会说，当然，所有的选择都是我自己做的。但是，当我回过头再想的时候，我的父母都是音乐家，我也是音乐家，这说明了一些问题。[大笑]没有太大的偏离，对吧？"

（第五次访谈，2007 年 7 月）

叙事功效：学习潜能和行动潜能

伊娃不仅创造了一个帮助她解释和理解生活的故事，同时创造并发展了使她得以关注自我意识的叙事。这个过程既是在了解自我，也是在建构和重构自我。她不断讲述着其他的存在方式，并创造和抓住机会去顺利运用这些策略。一方面，伊娃借鉴了社会—文化空间里的脚本；另一方面，她又把这些脚本融入自己的建构。因此，伊娃给我们呈现了一个"在行动中"叙事学习的例子，她学习的重点是自我。我们不想把这种叙事学习的方式归为"自我沉醉型"。很明显，伊娃关于她是谁、她能成为谁的持续的反思，影响着她如何应对生活中的社会事件。在伊娃的故事中，既有稳定性，也有不稳定性。稳定性可能就是家庭脚本的延续，让她朝着职业音乐家的方向发展。此外，还有她童年时罗马尼亚结构化的教育体系对她的影响，尤其是为那些有天赋的音乐家提供的机会。但也有不稳定性。十来岁的时候，她背井离乡，到以色列开始新的生活，虽然她把这描述成一个积极的经历，一个新生活的开始，但她在以色列的生活以及之前在罗马尼亚的生活无疑是艰辛的。之后，她选择再一次搬家，来到伦敦生活。虽然这给她提供了发展音乐职业的机会，但这也是背井离乡、重新开始。在不同的转折点，伊娃能够围绕音乐家这一身份认同去发展情节。虽然在不同的阶段，音乐家的形式有所不同，但这为她的故事提供了核心。在其他方面，她也有很多改变：政治态度、音乐上的从属结构，以及地理位置。作为一个经常居住在"叙事中"，有着高度反思和分析能力的人，她能够在每一个新的角色中、每一个情境里创造新的自我，这为她提供了面对新情境、新机会的灵活性。通过伊娃，我们看到了叙事学习可以在何种情况下、通过何种方式转化为行动。

/ 第九章　拉塞尔·杰克逊/

初次访谈时，拉塞尔·杰尔逊(Russeu Jackson)53 岁，已婚，说话时带着很浓的口音。他非常乐于接受访谈，观点鲜明，感情深切。拉塞尔非常习惯自我评价，并经常用幽默的、略带自我贬低的方式谈论自己。我们关于拉塞尔的第一印象是：他是一个实用主义者。从他的生活故事中看出，拉塞尔在工程方面有一技之长，但同时他的人生经历非常复杂，而且有些经历让人惊讶。拉塞尔曾经做过十年的牧师，参与我们的研究期间，他是一名成人教师。在此期间，拉塞尔长期处于不确定的状态：一方面，因为成人教育业结构上的调整，拉塞尔的日常生活也经历了一些不确定性；另一方面，他享受正在做的工作，也觉得这份工作很有意义，但却更想重新去做牧师。

拉塞尔·杰克逊的生平

拉塞尔于 1951 年出生于英格兰西南部小镇的一个工人阶级家庭。他们一家人居住在政府的廉租房，家里共有七个孩子，他排行第六。

父亲在造船厂工作，母亲是一个家庭主妇。拉塞尔说他"总是想从那里逃离……去广袤的世界中"（第一次访谈，2004 年 11 月）。机会终于来了——小学毕业时，他通过考试，进入当地的语法学校就读。但是，语法学校上学的求学经历似乎并不愉快，拉塞尔说他总是被人欺负：

> "我很小，来自工人阶级，又有点叛逆……在这个语法学校，一个非常势利的语法学校，学生来自中产阶级，老师来自中产阶级，这意味着我跟别人不一样。我没有最新款的自行车，我不可能每个学期都有新校服。我穿着姐姐的运动衫，姐姐长高了，我就穿她穿不下的衣服。所以，他们都来找我茬儿，欺负我，简直太可怕了。这些事情在很大程度上影响了我的性格塑造。"
>
> （第一次访谈，2004 年 11 月）

16 岁的时候，拉塞尔高中毕业，大多数科目的成绩都是中等。他说在语法学校求学的经历让他很长时间都觉得很痛苦，让他在 25 年的时间里都憎恨学校、老师，以及跟教育有关的事情。

虽然不太情愿，拉塞尔听取了父亲的意见，中学毕业以后，申请在当地一家工程公司做学徒工。工作以后，一开始的不太情愿很快转化为自在：

> "穿梭在学徒学校绿色的小门间，我被那里的噪音、气味和纯粹的工程味给吸引住了。我改变了方向，[大笑]马上就喜欢上了

那里。"

（第一次访谈，2004 年 11 月）

　　这是他人生中的一次重要转折：不仅仅是因为开始拿工资了，更是因为这是他第一次自主进行的选择——父亲为保险起见，让他申请有 70 个名额的工匠学徒工。他没有听从父亲的建议，反而申请了只有 6 个名额的技术学徒工。拉塞尔回忆说，他的父亲对孩子期望很高，却又不敢让他们冒太多风险，他觉得父亲一定对儿子的过分自信非常惊讶。

　　做了五年的学徒工，拉塞尔于 1972 年从当地一所学院获得技术证书，并成为同一家公司的工程师。他在那里继续工作了六年，并在此期间结婚，生下了大女儿和小儿子，两个孩子间隔三岁。虽然工作和家庭生活都有一定进展，但是拉塞尔还是渴求更大的职业发展空间，于是找了一份新工作，新的工作地点离家数百英里。

　　"28 岁的时候，我去了苏格兰。我，一个矮小的长着娃娃脸的英格兰人，在一群顽强勇猛的、喝得醉醺醺的苏格兰人中间，[大笑]最初六周我学会了太多搞定别人的技能，可以说比我人生中其他任何一个阶段都要多，真的。"

（第一次访谈，2004 年 11 月）

　　在苏格兰待了两年之后，他搬到了英格兰中部。在那里，他曾为一系列的工程公司工作过，也包括一个芬兰公司。他的事业有了提升，管理职责越来越多，需要管理项目、管理人、管理钱。他还需要经常到国外出差，习惯了入住高档酒店、去夜总会，以及做出重大的商业决定。但是，多年后回过头来反思，拉塞尔对这种生活方式质疑：

> "我做过很多让家人觉得很棒的事情，但是事实上，这些事情很无聊。我感觉自己整天都在出差，你知道……我去过夜总会，斯堪的纳维亚和欧洲的三四个夜总会。一切都非常好。嗯，但是，事实上，做过这些事情以后，人就会想，我都在做些什么呀？"

> （第七次访谈，2006 年 12 月）

拉塞尔所在的芬兰公司让写一份公司发展报告，他的建议是：公司应该进一步扩大在英国的业务，否则就应该停止运营，把重点放在其他地区。公司的选择是停止运营，拉塞尔因此被裁员。

80 年代中期发生的一件事情是拉塞尔生活中的一个重要转折，即他的皈依经历。虽然他发誓说"你知道，我从没想过要信教"（第一次访谈，2004 年 11 月），但是他能够准确说出这次经历：他正在家里加工木车床，突然间顿悟了，生活朝着不同的方向改变：

> "我正在车库里加工木车床，然后……我总是沉浸在加工木车床里……一边加工一边安静地反思，轻松地跟自己相处，有一大

堆的事情要去处理。

　　……我正愉快地转身做自己的事情，关掉机床，转动我那口大松碗……周围都是木屑，碗很美，你知道，可爱的形状，它在那里，它就在那里。那正是傍晚，车库的灯亮着，照在碗里，我感觉到神灵正出现在我面前。真的很难，很难用理性的词来描述。对我来说，一切还是这么真实，一直都这么真实……好像上帝真的在我面前……就好像有什么东西摸着我的肩头。我很清楚，我就是在此刻下了决定，上帝想要我成为一个，……呃……基督徒……加入英格兰教堂，还有，那里有一份特殊的工作等着我。"

（第二次访谈，2004 年 12 月）

　　所以，拉塞尔觉得上帝不仅召唤他成为基督徒，还让他在英格兰教堂做牧师。对于一个来自信卫理公会教家庭的人来说，改信英格兰教堂确实是事先没有预想到的。这之后不久，拉塞尔最开始工作的那家工程公司联系他，他回去工作了一段时间，但因为公司效益不好倒闭再次离职。但是，在此期间，拉塞尔立下当牧师的志愿。1988 年，他和妻子把房子卖掉，用这些钱在神学院读了两年。

　　"那两年我很开心，不断探索新的想法，与同伴们热烈地讨论，有时候也有激烈的辩论，产生思想的火花。"

（第一次访谈，2004 年 11 月）

授职礼后，拉塞尔先被派到英格兰西南部当副牧师，然后又当了十年牧师。除了负责教堂内部的工作，拉索尔还承担了教区内的一系列职责，如指导他人如何帮助儿童和年轻人。他特别看重和享受这些角色。但是，现在回过头去反思，拉索尔意识到自己当初忽视了妻子的感受，从而影响了夫妻关系。他们曾寻求婚姻咨询，但拉塞尔在婚姻存续期间却跟另外一个女人开始交往。丑闻使他不得不辞去牧师一职。

> "真的，这是到目前为止最惨痛的教训。我经常坐在桌子对面帮助别人……现在，我却坐在了他们坐的位置，错误也好，耻辱也罢，百感交集，真的太难了……但是牧师这份工作我真的做得很好。我自己知道，很多人也这么说。"
>
> （第一次访谈，2004 年 11 月）

这样，又一个转折发生了。拉塞尔不仅需要另找工作维持生计，还要适应失去牧师这一他有着强烈认同的工作。他还需要适应家庭环境的改变，因为他再婚了，还多了两个继子。在朋友的建议下，他与一个成人教育服务中心签订了固定任期合同，教授计算机，由此开始了成人教师这一新的职业。他的计算机技能主要通过两个渠道获得：一是工程公司的工作经验，二是他一直很喜欢探究新技术。尽管如此，拉塞尔并没有计算机方面的正式证书。

因为担心缺少相应资质会影响自己的发展，拉索尔参加了当地一所学院的教师教育课程。这样，尽管没有计算机证书，相应的教学证书也让他更符合学校的要求。他同时与校长建立了良好关系，这让校长充分意识到他的品质及对成人教育工作的投入。

参与我们的研究时，拉塞尔在这个新单位工作了三年。刚开始工作时，他签的合同是信息和交流技术导师，主要教计算机。随着时间的推进，他的重要性逐步显现，工作职责也逐渐增多。在逐渐适应新工作的同时，他也在不断反思过去的牧师工作经历，以及与教会的关系。

第二次访谈时，拉塞尔说他毫不留恋工程行业的工作，但希望未来仍有机会去教会工作。他声称当地教堂的很多信徒都支持他回教会工作。但官方却明确表明，不接受他回同一个教区工作。与此同时，拉塞尔对待成人教育教师这一工作的态度也发生了转变，这一角色在他的生活中变得日渐重要：

> "……直到最近，教学一直是我的一个临时工作，我觉得我还是回去当牧师好了，但是现在我看不到希望了，所以我正在跟现实妥协，但好像也没有我预想的那么不情愿，真的，我现在的职业就是教师。"
>
> （第二次访谈，2004 年 12 月）

五个月之后，我们进行了第三次访谈，很明显，拉塞尔正在重新调整其职业重心——成为一名成人教师。他详细讲述了影响他教学实践的想法和价值观。虽然缺少相应证书，但他觉得自己是计算机领域的专家——他能够开发新的课程，他也曾参与同伦敦大学联盟一所学院的合作，开发计算机科学专业预科实验课程。他说他在工作中越来越自信，与同事的关系越来越好。但是，因为现行的资助体系，拉塞尔不太看好成人教育业的前景。他无不担心地说："我想，成人教育会慢慢凋零的。"（第三次访谈，2005 年 5 月）

2005 年 9 月，下一学年开始，我们进行了第四次访谈。我们发现，拉塞尔在极力压制再次成为牧师的愿望，并且努力接受成人教育导师这一工作。实质上，拉塞尔说他应该"充分利用这段经历"（第四次访谈，2005 年 9 月）。他声称自己喜欢教学，并意识到他在当牧师的时候很重要的一部分工作就是做现在的事情。他表达了对教堂的愤恨和不满——教堂应该是充满同情和原谅的地方，但他们却对他"铁石心肠、漠不关心"：

> "在世俗的世界里，如果可以这么说的话，我已经被审判了，我已经服刑了，现在也应该被放出来了……这是一个理应同情人、怜悯人、原谅人的地方，他们早就应该这么做了。"

> （第四次访谈，2005 年 9 月）

2005 年年底，我们进行第五次访谈的时候，拉塞尔不再去当地的教堂，他重新做牧师的愿望慢慢退却。拉塞尔把自己描述成"我开始在自己所处的境地变得有抱负"（第五次访谈，2005 年 12 月）。他详细讲述了教师专业自主如何受到官僚主义和各种检查的腐蚀。他觉得仅从事教学工作缺乏挑战，他更愿意从事一些战略方面的事情，想要"发挥一些作用"。

2006 年 7 月，我们进行了第六次访谈。前不久，当地成人教育进行重组，有两个管理岗位空缺，拉塞尔因此参加了两场面试。他被告知很有希望，但最后两个岗位都没有竞聘成功。拉塞尔很受打击，变得有些消沉。

> "我渐渐意识到……我不能就这么当老师了，这对我不好……我待在这里，嗯，是因为家庭原因，我得待在这里。但是，如果我是，你知道，如果我是完全自由的，我早就走了。"
>
> （第六次访谈，2006 年 7 月）

一方面，他的信息和交流技术项目即将完成；另一方面，他发现学校在不断裁员，而业务主管又是新来的。在这种背景下，拉塞尔去见了高级管理人员，以进一步明晰他在学校的发展前景，并表明继续工作的意愿。

最后一次访谈中，我们知晓前一年夏天被任命到管理职位的两个人中有一人在工作几周后辞职了。有人找到拉塞尔，他同意接受空缺的职位。他的职责包括"改善教和学"等。拉塞尔对于能够参与到更多的战略决定中非常激动，他觉得新职位非常适合自己：

"我的第一反应就是，我在这个位置上非常自在，就像穿上一件穿了很久的大衣，就在一瞬间，起来去做事情……现在有一些事情需要马上处理，我们会着手处理。"

（第七次访谈，2006 年 12 月）

　　当被问及未来的发展可能性时，拉塞尔说他觉得成人教育在接下来的三年里会发生重大改变，会成为一个跟过去完全不同的组织。他觉得这种改变一定会很痛苦，他的角色就是去帮助那些受到严重影响的人。他说他所供职的成人教育服务中心已经隶属于当地政府一个不同的部门，将来应该会跟社会服务部，尤其是成人社会服务部有更紧密的合作。

　　拉塞尔已经正式从英格兰教堂退休，但是，他还是觉得，做牧师和负责处理教区内跟年轻人有关的事情最接近"他想成为的人"：

　　"我觉得谈论我做牧师和儿童顾问的事情非常难……我们为神职人员和年轻人开设儿童保护方面的课程，我在那个职务上做了很多好的事情……我也学到了很多东西……所以，你看，这最接近我的内心……我觉得这个角色最接近真实的我，让我成为我最想成为的人。"

（第七次访谈，2006 年 12 月）

叙事品质

拉塞尔非常愿意参加访谈，他的生活故事也非常复杂。他习惯用第一人称讲述自己的行动和决定，以及他看上去没有办法控制的事件（如他的皈依经历）。他的讲述非常坦诚，除了讲述生活中的关键事件，他还经常详细分析这些事件对他的意义。很明显，拉塞尔的叙事有一个核心特点，即他善于对经历进行反思。反思不仅发生在访谈时，也发生在其他的时空。因此，拉塞尔的叙事强度极高。他的叙事详细、复杂，更趋于分析和评价，而非单纯的描述。从这个角度看，他的故事与克里斯托弗和保尔·拉森接近。

拉塞尔的故事有一个很明显的特点，即他的故事围绕着一个很强的情节建构和组织。这个情节就是"成为牧师"这一核心认同，其中包括牧师这一职务，以及通过这个位置能为他人做出何种贡献。虽然我们也能够按照时间顺序来建构拉塞尔的生活故事，但是，对于拉塞尔而言，或者更确切地说，在拉塞尔建构的生活故事里，"牧师职务"是他生活故事建构的中心。基于这一点，很多生活故事（就算不是全部的故事）才有了意义，他也是基于这一点对这些生活故事进行评价的。不管谈论到什么生活问题，拉塞尔总是（直接或间接）提出这么一个问题：这更接近，还是远离核心认同？因此，"成为牧师"这一情节不仅是他叙事的组织原则，同时也是评价和辩护的原则。拉塞尔用这个原则来评价生活中的事件，也用这个原则解释自己做过的事情。

很明显，他已经从生活中(通过一系列复杂的体验、反思、交流和互动的过程)意识到了"成为牧师"这一情节的重要性。这一意识不仅影响了生活中的很多事件，如放弃之前的工作、卖掉房子、培训成为牧师，也严重影响了他对待生活的态度，影响了他的生活叙事，并最终影响了他理解自己和自己生活的方式。拉塞尔的叙事不是在简单地描述一件又一件的生活事件。他的叙事评价性很强，因为他的生活事件是根据重要性进行组织和评价的。

叙事功效：学习潜能和行动潜能

至于拉塞尔叙事中的学习潜能和行动潜能，我们发现情节是拉塞尔叙事学习的主要策略。之前我们看到，克里斯托弗的叙事学习主要是在持续设置和重新设置情节。而在拉塞尔的生活故事中，情节相对稳定。虽然我们之前提到过，认识到"成为牧师"这一核心认同在他生活中的重要性是学习的结果，而非生命伊始就有的。克里斯托弗在较为年轻的时候就有了关于命运的一些想法，所以接下来的生活都是在探究自己的命运。对于拉塞尔来说，生活方向的意识在生活中的某个时刻突然出现，他把这描述成皈依经历。这从此成为他的生活路径以及反思的参照。

从拉塞尔的叙事中可以看出，反思在他的生活中发挥着重要作用。虽然他说过参与学习生活项目在很大程度上促进了他更多、更深入地反思，当我们在研究结束前让他评价参与本次研究的感受时，他说：

> "我想这是一次重要的经历，一段非常个人的体验。这是一次
> 自我反思的机会……平时我也反思，但这是在一个正式的语境
> 中……当别人问你隐私的、敏感的问题时，如何用一种连贯的方
> 式表达想说的内容对我来说是一个非常有用的、有价值的反思工
> 具……另外一件事情就是阅读转录文本，有时候阅读转录文本让
> 我非常感动。不知怎么的，它先让你从对话中走出来，然后又走
> 回去，然后再读。读这些故事的时候，有点尴尬又有点被那些故
> 事所感动，[大笑]这听上去可能有点自私或者自我陶醉。但是，
> 对我来说，这是一种全新的体验……你要是不问我这些问题，要
> 是不追问一下，要是不让我解释，对我来说这些都是内隐的，都
> 是在心里觉得理所当然的，觉得世界本就是这样的。你一问，这
> 些事情就都被激发出来了。"

（第七次访谈，2006 年 12 月）

通过这个回答，我们可以洞察拉塞尔反思中的三个本质特征：第
一，他有反思的习惯，访谈使他能在正式的语境下反思；第二，正式
语境使他有机会说出平时反思无法说出的一些话语；第三，他觉得阅
读转录文本既尴尬又"非常感动"，他并不习惯这种反思方式。从这种
反思空间的存在可以看出，像拉塞尔这样极具反思经验的人都能从叙
事中获得新的感悟。

至于叙事和讲故事在何种情境下能带来学习这个问题，在拉塞尔的故事中，我们注意到职场关系的重要性，即与重要的同事和朋友交流。例如，他做牧师的时候，与教区里的一个同事一起解决有关年轻人的事务；他做老师的时候，一个教育服务部的朋友建议他应聘成人教师；最近，有几个成人教育管理者非常看重拉塞尔的经验，并与他交流。拉塞尔也明白自己如何利用反思空间，而学习生活项目给了他更多的反思机会：

> "接受访谈确实对我有重要影响。嗯，这些长时间的停顿，[访谈文本中的]部分原因是我自己也在思考、在想我该说什么、如何把我的感受表达出来，也有一部分原因是让我能够控制好自己。"

> （第四次访谈，2005 年 9 月）

与上述经验相反的是，拉塞尔与前妻却没有太多交流：他们的婚姻维系了 26 年，他觉得前妻聪明能干，但是，直到离婚那一刻，他觉得自己对她的了解仍是很少。他说：

> "我不知道她的故事，因为她从不告诉我她的故事。我从不知道她如何阐释我们共同分享的故事。"

> （第七次访谈，2006 年 12 月）

拉塞尔有着较强的反思和评价能力，也能充分运用各种机会发展叙事，因此，跟很多相似社会—经济背景的人不同，他的故事已经没有太多"脚本化的"痕迹。例如，他通过小学毕业考试的故事跟其他工人阶级家庭"聪明的男孩子"考上文法学校的故事类似。但是，拉塞尔的反思能力使他得以经常回顾过去的经历。可以说，他叙事学习的能力使他得以对生活不断进行重构。

也许，我们更应该用生活叙事(而非生活故事)来指代拉塞尔的讲述，主要原因是他能围绕着一个清晰的情节讲述故事。这个情节展现的方式就是他"成为牧师"的核心认同以及他的自我理解。从情节中，我们也可以看出这些年他从生活中学习的成果。这个情节并非从外部构建的，拉塞尔清楚地知道"成为牧师"的身份认同在他的生活中至关重要。讲述生活有助于他理解生活、理解认同在生活中的意义。他的身份认同意识影响了他的生活方式，并将继续影响他的生活，同时也能帮助他承受各种决定可能带来的后果。

访谈中建构的叙事显示，拉塞尔的故事和叙事实现了两个功能。首先，叙事是反思的工具，生活故事使得拉塞尔能够"客观化"他的生活，并使之成为反思的对象，从而实现对于生活的不同理解，他在这个过程中也进一步认识到哪些价值观对他来说至关重要。第二，叙事起着综合的作用：通过叙事，他能够综合不同的生活经验以及不同形式的学习。拉塞尔的生活故事显示了他确实从叙事中学到了一些能为生活所用的东西。例如，接受现在的职业。但是，这种学习跟其他方面的理解不无联系。例如，拉塞尔这么多年形成的自我意识，对于自己特点和性情的理解，以及这种自我意识如何影响了他与家人、工作伙伴等的交往。

拉塞尔所接受的正式教育和培训使他具备胜任不同工作的知识和能力。他职业生涯的每一个阶段都伴随着正式教育和培训：做工程师之前在学徒学校学习，做牧师之前在神学院学习，成为成人教育导师后在当地教师教育学院学习。这些经历使他有机会沉浸在不同的群体文化中，使得以与形形色色的人互动和交流。拉塞尔似乎把正式学习用作反思生活的空间。

而在成功进入这些职业场域后，拉塞尔的职业发展则不仅仅依赖于正式学习。在工程公司，尽管没有太多正式培训，但他还是由一名普通的工程师缓慢过渡到承担更多管理职责。担任牧师期间，他参加了正式的课程，也接受了非正式的训练，并在此过程中稳固工作，并拓展事业范畴。进入成人教育界后，拉索尔对于自己的职业规划逐渐演化、重新聚焦，并对自己的发展提出更高的要求。正式的教育和培训带来了明确可辨的结果，并且在叙事中转化为学习的形式，影响了自我的维护和发展。

窥探拉塞尔的价值观时，从生活故事中学习的迹象就显得更为明显。从他的故事中，我们可以看出他习惯用道德规范来评价自己的经历。他的价值观主要来源于正式教育经历，虽然并不一定来源于显性课程。例如，在他关于在语法学校就读时受到欺凌的讲述中，我们可以找到他反对不公正的源泉。他认为这段经历在很大程度上塑造了他的价值观，并声称"我不会被欺凌，不会被威胁，不会被强迫成为我不想成为的人"（第一次访谈，2004 年 11 月）。在之后的故事中，如当讲述到他作为一个牧师如何处理教区居民问题时，拉塞尔充分展示了与不公平行为抵抗的决心。之后的丑闻使他失去牧师工作，这似乎让他更同情弱势群体，以及那些正在经历不幸的人。

最后一次访谈中，拉塞尔跟我们介绍了他如何应对成人教育工作的挑战。他说，从 16 岁到 50 多岁，这一辈子丰富的经历使他得以在面对困难和挑战时能快速识别出可供借鉴的经历和资源。例如，他在不同的课程中习得了充分的咨询技能。另外，凭借充分的阅读以及丰富的牧师经历，他可以自信应对新的环境。

从拉塞尔的案例中可以看出，反思和叙事不仅能使我们持续从生活中学习，同时也能把学习转化为行动。对于拉塞尔来说，生活中最重要的事情就是为他人服务，当重要的转折阶段出现时，这样的见解为他提供了选择的标准。这并不是说拉塞尔完全掌控了自己的生活。相反，在他的生活故事中，很多事情是自然发生的，并非他主动选择的结果。但是，他对待这些事情的方式却非常有助于我们理解叙事学习的潜能。对他来说，学习是生活的方式，而非终点。用拉塞尔自己的话来说，讲述故事确实起着重要作用。

> "我并不是很胜任。你知道，我并非聪慧之人，也没有什么太有价值的东西，我只是有故事。故事讲述了我，故事塑造了我。除此之外，我有着在人们讲述故事时帮助他们解决问题的能力和自信。"
>
> （第七次访谈，2006 年 12 月）

/第十章　叙事学习理论的建构/

　　在之前的几章，我们呈现了八个生活故事，这些故事的讲述者均是学习生活项目的参与者。之所以选择这八个人和他们的生活故事，不是因为其他的数据没有价值，也不是因为只有他们的故事才能提供叙事学习的证据，而是因为，这八个故事代表了不同的叙事品质、学习潜能以及行动潜能。换句话说，我们对于叙事学习理论的思考和分析来源于更大的样本，而约翰·皮尔、玛丽·塔科、玛吉·霍尔曼、第欧根尼、克里斯托弗、保罗·拉森、伊娃、拉塞尔·杰克逊的故事只是范例，呈现了叙事学习不同的纬度和品质。

　　在进行理论建构之前，我们还想提醒读者，这些不同的纬度和品质并无尊卑好坏之分。例如，约翰·皮尔和保罗·拉森的故事叙事强度较弱，并且缺少叙事学习，但他们却有着幸福美满的生活。相反，较高的叙事强度和精微的分析却有可能成为束缚个体的"叙事迷宫"，限制行动的潜能。此外，从根源上看，我们在理解叙事学习时摈弃了任何绝对的社会学或心理学决定论。这不是说未来不可以从阶级、性别、种族、宗教、文化或历史等角度探究叙事学习。但是，我们对于叙事及其过程的关注使我们有机会窥探这些方面的动态联系，强化或是推翻了这些类别体系及其刻板印象。

理查德·霍加特(Richard Hoggart)曾用自传的手法描述了他如何"寻求日常生活之外的意义"(Hoggart，1958：89)，他觉得这种追寻对于建构一个想象的未来极为重要。他的作品描述了他年轻时僵化的阶级结构，似乎"同心同德"就是工人阶级的应然状态，而描述性叙事则是他们最主要的话语方式。虽然他也告诫读者不要过度概括化。霍加特写道：

> "几乎所有的工人阶级都习惯了把自己当作一件又一件事情的客体，如果有一个模式的话，那就是出生、成长、死亡，就是季节、一年中主要的日期、每周的薪水。工人阶级的生活一直被这种现实性控制着，人、事件、东西，一种无序的现实性……所有工人阶级避免的，或者最好注意不到的，就是一种智力模式——对习惯进行跨时间和空间的提炼和概括，以及对这些推论进行概括，形成某种判断。让他们对这些事物进行概括化，他们会觉得非常奇怪，也很不安。"
>
> （Hoggart，1958：89，1958：213-214）

与之类似，乔·巴金特(Joe Bageant)也从局内人的视角对美国白人工人阶级的民俗知识进行了描述：

"我们的人民从不引用事实真相，他们只是把从生活中吸收的各种各样的事情记下来，他们的生活是一个由各种看上去正确的事情组成的知识生活，混合了各种各样的民间智慧。"

(Bageant，2007：9)

霍加特和巴金特对于叙事性描述的刻画与我们的发现有相似之处。但是，我们并不想用固化模式对阶层进行刻板的划分或描述。在检视数据时，不管是在集体或个人层面，我们都没有专门把叙事性描述与工人阶级参与者等同起来。在有些情况下，叙事性描述确实受制于社会脚本，此时，叙事往往不会超越这些脚本。但是，我们也看到了，描述这种叙事形式因人而异，有些人接受最初的脚本，另一些人游走在不同脚本间。因此，我们在描述性叙事中还可以看到流动性和灵活性。叙事形式虽然存在一定的社会模式，但往往带有个人的印迹。要去理解社会模式，我们需要理解个人，从他们的角度去理解他们的故事，而非仅仅用内在模式、上层结构等单薄的表达去理解。这也是我们在提炼叙事学习理论之前对一个个案例进行深入描述和分析的原因。

叙事品质、叙事学习和行动

我们在前言就已提到，叙事学习不仅是从叙事中学习，也是在叙事中、在建构生活故事的过程中学习。本书所呈现的八个案例各不相同，有些故事比较简短，以描述为主，而且从某些方面看结局已定。

另外一些故事则更为详尽，且包含分析和评价。第一类故事更像是照本宣科，即讲述者没有在经验和反思的基础上建构和重构生活故事，因此缺少叙事学习的痕迹。而第二类故事则似乎有叙事学习的痕迹，即讲述者在建构和重构生活故事的过程中学习。但是，这样的故事也可以是结局已定的：它们更像是过去叙事学习的成果，而非正在进行的叙事学习的成果。这就是约翰·皮尔和第欧根尼故事的相似之处。虽然他们的生活故事在叙事品质上完全不同——不管是叙事强度、分析的成分，还是情节的呈现，都很不同。但是，他们的故事更是一种结局已定的，而非开放的故事。在探究叙事学习理论时，这些故事也是极为重要的参照。即使结局已定，它们也并非完全没有行动潜能。在约翰·皮尔的故事中，我们看到了一个脚本已定的故事如何在情境吻合时指导实践，但当情境发生改变时，它就失去了原有的功效。而对于第欧根尼来说，更为重要的可能是故事中所体现出来的价值观和人生信念的力量。这些力量使他能够有效应对不断变化的环境，尽管在此过程中他仍是不断运用过去所形成的价值观来衡量新的情境。换种方式说，封闭性故事虽然缺少灵活性，限制了帮助讲述者更好适应改变的环境的可能性，但并非完全没有行动潜能。从这个意义来看，我们可以把叙事资源看作一种"叙事资本"（Goodson，2006），即能够帮助我们应对生活变迁的叙事资源库。

但是，我们也看到了，人们的叙事资源差异很大，叙事品质和叙事功效都不尽相同。在此，我们想提醒读者两个重要的发现。一方面，详尽的、分析性的、情节化的叙事并不一定能带来持续学习。因此，在对叙事学习进行理论建构时极有必要区分清楚叙事作为学习的结果以及叙事作为持续学习的过程。我们也可以说前者更为"封闭"，后者更为"开放"。另一方面，更为"开放的"叙事（"正在建构的"叙事，也可以说有着持续学习的叙事）并不一定能"转化为"行动。这是我们呈现保罗·拉森这个案例的原因。在保罗·拉森的案例中，我们看到了学习（叙事资源的不断发展）似乎更是一种结果，而非手段。我们也提到了，太多的叙事学习从某种程度上干扰了他的行动。持续的叙事学习似乎已成为保罗生活的重心。虽然这为他提供了重要的反思机会，但是，跟反思相比，行动似乎只是次要的考虑——甚至往往没有发生。苏格拉底曾断言"未经检验的生活是毫无价值的"，但保罗·拉森却似乎把这话反过来了，即没有经历过的是不值得检验的（Biesta，2002）。

基于本次研究的数据，我们很难判断为什么有些人的叙事比较封闭，而另一些人的叙事比较开放。同样，我们也很难判断为什么有人可以把叙事学习"转化为"行动，而另一些人则不行。不过，我们的数据多次显现出重要的一点：当自我是叙事的一部分时，叙事则更开放，并更容易影响叙事的功效，即叙事学习的行动潜能。关于自我的探讨总是跟认同与能动密切相连。在理解自我时，必须同时分析认同和能动。因为如果只关注认同而忽视能动的话，关于叙事学习的探讨就有可能是自我沉醉式的或是以自我为参照的。

从研究数据中可以看出，很多参与者都在对自我进行反思，把自我作为故事讲述和重新讲述。例如，在第六章中，我们看到了克里斯托弗精心构思并持续建构着他的叙事。我们提出他叙事中关于个人的部分并非随意拼凑，而是系统组合而成的，他的个人影像由很多不同的、可对公共开放的脚本构成。对于克里斯托弗来说，他精心构思的叙事在整个一生中为他提供了职业路径以及谋生之道。而在另一章中，我们发现对于伊娃来说，学习、认同与能动似乎也有着相似的"和谐"。她的故事不仅能帮助她理解生活(这显示了自我意识在她生活故事的情节设置中起着核心作用)。同时，她还建构和发展着叙事，叙事又为她的认同发展提供了重心。她的叙事不仅是用来自我参照的，同时有着重要的行动潜能。我们关于拉塞尔·杰克逊的讨论进一步澄清了叙事学习中自我、认同与能动的关系。正如我们在第九章中提到的：

　　访谈中建构的叙事显示，拉塞尔的故事和叙事实现了两个功能。首先，叙事是反思的工具，生活故事使得拉塞尔能够"客观化"他的生活，使之成为反思的对象，从而实现对于生活的不同理解，他在这个过程中也进一步认识到哪些价值观对他来说至关重要。第二，叙事起着综合的作用：通过叙事，他能够综合不同的生活经验以及不同形式的学习。拉塞尔的生活故事显示了他确实从叙事中学到了一些能为生活所用的东西。例如，接受现在的职业。但是，这种学习跟其他方面的理解不无联系。例如，拉塞尔这么多年形成的自我意识，对于自己特点和性情的理解，以及这种自我意识如何影响了他与家人、工作伙伴等的交往。

　　虽然在所有的案例中，学习、能动和认同发展在整体上是比较和谐的，但在每一个案例中，和谐的程度不同，功效也有所不同。生活叙事的使用和处理取决于学习、认同和能动的平衡。我们在第二章中看到，约翰·皮尔围绕着根深蒂固的农民角色发展他的认同，他的生活故事也紧紧围绕着农民这个圈子。因为完全接受并遵循农民这个脚本，他并没有叙事学习的经验，叙事的过程对他来说更像是个"虚假的"对话。当务农的语境发生变化时，约翰进入了一个极不熟悉的情境。在某种程度上，无法控制的外力给他的生活世界带来变化。在这种情况下，他与生俱来的脚本显得毫无用处，但他又太习惯于遵循使他一生受益的脚本，因此他难以发展新的脚本。

在第三章，我们看到玛丽·塔科的叙事在访谈前期以描述为主，而在后期则更趋向于分析和评价。追踪研究的一个奇妙之处就是它能使我们捕捉到生活的改变，而在玛丽的案例中，我们不仅捕获了生活的改变，还捕获了随之发生的叙事和叙事学习的改变。而玛丽本人也为自己在认同和能动上的改变感到庆幸："我是一个独立的拥有两个孩子的单亲母亲，我可以一个人生活，不需要你，也不需要任何人。我不需要你，也不需要其他任何人……我感觉简直太棒了，我告诉你，现在都觉得太棒了。"（玛丽·塔科，第七次访谈，2007 年 2 月）

保罗·拉森跟其他受访者不同，一方面，他持续围绕着自我进行叙事。从这个角度看，他的叙事品质和内容与克里斯托弗、伊娃、拉塞尔·杰克逊，甚至玛丽·塔科类似。另一方面，他的叙事并未转化为行动，从中我们可以看出在叙事中以及通过叙事不断进行的"认同建构"不一定能"转化为"行动。我们之前也提到，我们的数据显示开放性的叙事更容易"转化为"行动，但是其功效如何仍难以定论。

玛吉·霍尔曼的案例也向我们呈现了叙事学习的局限性。我们在讨论玛吉的案例时下过这样的结论：没有证据显示玛吉的叙事充当着学习的场所。这并不是说玛吉没有在学习，而是她没有在叙事中、通过叙事学习。对她来说，从生活中学习、从讲述生活中学习只是暂时的手段，而非长期的方式。玛吉的例子告诉我们，叙事并非自然需要，而是一个可被人们使用的独特"工具"。但是，这个工具并非人人都有，也并非能对每一个人起作用。通过玛吉的例子我们看到了，也许叙事这个"工具"能对那些具有叙事认知的人起作用，但对于那些没有叙事认知的人（我们之前把玛吉的认知称作"图片式"认知）作用甚微，甚至根本没有。因此，更重要的问题是：为什么当今很少有人质疑叙事、生活故事和生活史？为什么叙事在当今的生活中无处不在？我们需要去质疑、探究这些问题。齐格蒙特·鲍曼（Zygmunt Bauman）在《流动的现代性》（*Liquid Modernity*）（2000）中提到，公共空间的衰落不仅是因为市场方面新自由主义的影响，也因为私人空间的侵袭（如通过真人秀、明星八卦等）。公共成了展示私事与私有财产的地带，"公共空间私人化"成为愈演愈烈的趋势，没有人去追问个人事务是如何转化为具有政治影响的公共事务的。

叙事学习的复杂生态

从上面的分析中可以看出：叙事是一个极为复杂的生态。考虑到叙事是一个如此复杂和私密的人类活动，这一点也就不足为奇。但是，在对叙事学习进行理论建构时，我们有必要对如下几点进行区分。

首先需要区分的是：生活叙事到底是学习、能动和认同建构的工具还是学习的场所？几乎所有的案例显示的都是第一种情况：即使没有持续的、深入的叙事活动，生活叙事也可以被频繁而积极地当作工具使用。这一点在玛吉和第欧根尼的生活故事中又表现得尤为明显。我们的研究表明，虽然大多数人在访谈的时候都会讲述生活故事，但不是所有的人都会把叙事当作一个持续的内部对话或是外部讲述装置。因此，叙事学习可以通过两种方式体现出来。第一，生活叙事可以被当作促进学习的工具或策略。第二，叙事可以充当学习的场所，通过一生中不断进行的持续的内部对话和外部讲述。从这个角度看，只有当生活叙事既是工具又是场所的时候，叙事学习的效果才最为明显。但是，叙事学习中还存在着复杂的生态，不是每个人都通过这种方式学习，参与者之间存在着显著的区别。

　　其次，当生活叙事作为工具和作为学习场所的关系是积极平衡的时，叙事学习的功效最大。在之前几章我们看到，克里斯托弗、伊娃以及拉塞尔·杰克逊的学习潜能和行动潜能都被充分挖掘。我们可以把他们的叙事学习归为开放的叙事学习，因为所有的学习通道都是开放的。在对叙事学习进行理论建构时，最关键的就是不同方面和纬度的平衡。我们之前提到，虽然保罗的叙事强度很高，学习潜能也很大，但行动潜能却不大。类似地，约翰·皮尔的生活故事基于一个确定的社会认可的脚本，但是几乎没有持续的叙事。这是一种封闭性的叙事学习，因为几乎所有的学习通道都是关闭的。因此，应对新生活、新事件的灵活性也就相应很少。第欧根尼也是封闭性叙事学习的代表。

对他来说，叙事是已经完成的产品。虽然来源于叙事学习的信念的"力量"使得他能够应对不同的语境、不同的情况，但也正是这个信念使得他愤世嫉俗。通过玛丽·塔科，我们欣喜地看到，她从封闭式叙事学习转向更为开放的叙事学习。对她来说，叙事一开始只是一种静止的工具，后来逐步转变成持续的过程。在她身上，我们看到了行动中的叙事学习，最后的过程是开放的、灵活的、演进的。

理想而言，叙事学习提供了一种通过生活过程学习的最佳模式，带来了一种微妙的、灵活的应对生活所带来的挑战和改变的方式。促进叙事学习的方式目前并没有被充分探究和开发，对这些问题进行探讨需要立刻充分检视新的学习资源和环境。如若有学者希望进一步探讨如何运用教育促进自我发展和社会改良，叙事学习不免是一个很好的渠道。

结束语

　　虽然我们在分析的时候没有深入探究叙事学习的社会阶层分布，但我们意识到社会语境对叙事学习的影响。跟其他形式的学习一样，不同的人有不同的叙事学习资源，他们所处的位置也不尽相同。通过研究，我们认识到叙事学习是人们生活中重要的一部分，也是能动和身份认同建构的重要工具。在这方面，我们不仅呈现了一种新的理解学习的方式，同时，在此过程中指明了一种对个人以及他们在社会中的行事方式很重要的学习过程。叙事学习是一种理解学习的方式，它不是要获得外部设定的内容（如规定的课程），而是在探究我们在建构和持续维护关于我们生活的故事中所包含的学习。我们的案例显示了，相当一部分人会演练和讲述他们的生活故事，讲述是他们行为和能动的重要方面。叙事是一种潜在的重要工具以及学习场所，对之后的行动有着重要影响。正因为人们参与到建构叙事的过程中，他们就不必面对外部规定的课程所常面对的问题，如参与率，因此从最开始就确保了参与率和学习动机。

　　学习生活项目设定了一种不同寻常的方式来理解学习。我们从人们的生活故事开始，然后把重心慢慢聚焦到他们生活中的主要学习事件上。这种学习是由内而外的，并非来源于外部规定的课程，而是由内部引发的叙事活动获得的。人们经常会进行"内部谈话"，弄清楚自己在一些事情中的处境，决定行动的方案，建构故事和生活使命。我们把这些看作一个人的学习规划以及自我理解的重要部分。但是，把这个过程显性化却包含着一个危险：这是一个个人的过程，对个人理解自己和自己的生活有意义；但是，这一仅对个人重要的东西却往往被教育、经济和社会体系所殖民化。在本书中，我们尝试去说明叙事学习可以如何起作用，可以如何对人们的行事方式产生影响。我们也想强调的是，对于快乐、完美的生活来说，叙事学习既不是必要的也不是充足的条件。还有一件重要的事情是，我们绝不能强求(不管是学校语境还是所谓的"终生学习者")每一个人去进行叙事学习或者成为"叙事学习者"。叙事学习是一种非常个人化的学习形式。人们可以决定用一种显性或隐性的方式进行叙事学习，但是没有人可以强迫你进行叙事学习，我们也不能把它看作解决目前教育问题的万灵丹。套用卡尔·罗杰斯(Rogers，1969)曾说过的话，每个人都有学习的自由。叙事学习为我们追求这种学习的自由提供了严谨而又有活力的路径。

参考文献

Alheit, P. (1995) 'Biographical learning: Theoretical outline, challenges and contradictions of a new approach in adult education', in P. Alheit, A. Bron-Wojciechowska, E. Brugger and P. Dominicé (eds) *The Biographical Approach in European Adult Education*, Wien, Verband WIENER Volksbildung, 64, 57-64.

—(2005) 'Stories and structures: an essay on historical times, narrative and their hidden impact on adult learning', *Studies in the Education of Adults*, 37, 2: 201-212.

Antikainen, A. , Houtsonen, J. , Kauppila, J. and Huotelon, H. (1996) *Living in a Learning Society*, London: Falmer Press.

Bageant, J. (2007) *Deer Hunting with Jesus: Dispatches from America's class war*, South Africa: ANZ.

Bauman, Z. (2000) *Liquid Modernity*, Oxford: Polity Press.

Biesta, G. J. (2002) '*Bildung* and modernity: The future of *Bildung* in a world of difference', *Studies in Philosophy and Education*, 21, 4/5: 343-51.

—(2006) *Beyond Learning: Democratic education for a human future*, Boulder, CO: Paradigm Publishers.

—(2010) 'A new "logic" of emancipation: The methodology of Jacques Ranciere', *Educational Theory*, 60, 1: 39-59.

Biesta, G. J. and Tedder, M. (2006) *How is agency possible? Towards an ecological understanding of agency-as-achievement*, Learning Lives working paper 5, Exeter: The Learning Lives Project.

—(2007) '*Agency and learning in the lifecourse: Towards an ecological perspective*', Studies in the Education of Adults, 39, 2: 132-149.

Biesta, G. J. J., Goodson, I. F., Tedder, M. and Adair, N. (2008) *Learning from life: The role of narrative*, Learning Lives summative working paper, University of Stirling: The Learning Lives project.

Booker, C. (2004) *The Seven Basic Plots: Why we tell stories*, London: Continuum.

Brooks, P. (1984) *Reading for the Plot: Design and intention in narrative*, Oxford: Clarendon.

Bruner, J. (1986) *Actual Minds, Possible Worlds*, Cambridge, MA: Harvard University Press.

Bruner, Jerome S. (1990) *Acts of Meaning (the Jerusalem-Harvard Lectures)*, Cambridge, MA: Hard University Press.

Burke, K. (1945) *A Grammar of Motives*, Berkeley, CA: University of California Press.

Chamberlayne, P., Bornat, J. and Wengraf, T. (eds) (2000) *The Turn to Biographical Methods in Social Science*, London: Routledge.

Clandinin, D. and Connelly, F. (1991) 'Narrative and story in research and practice' in D. Schon (ed.) *The Reflective Turn: Case studies in and on educational practice*, New York: Teachers College Press.

Clandinin, D. and Connelly, F. (1990) 'Stories of experience and narrative enquiry', *Education Researcher*, 19, 5.

Czarniawska, B. (2004) *Narratives in Social Science Research*, London: SAGE.

Dominicé, P. (2000) *Learning from Our Lives: Using educational biographies with adults*, San Francisco, CA: Jossey-Bass.

Ecclestone, K., Biesta, G. J. J. and Hughes, M. (eds) (2009) *Transitions and*

Learning Through the Lifecourse, London: Routledge.

Garfinkel, H. (1967) *Studies in Ethnomethodology*, Englewood Cliffs, NJ: Prentice Hall.

—(2002) *Ethnomethodology's Program: Working out Durkheim's aphorism*, Lanham, MD: Rowman & Littlefield.

Goodson, I. (2006) 'The rise of the life narrative', *Teacher Education Quarterly*, 33, 4: 7-21. The notion of narrative learning as employed in this book was first developed by I. Goodson in a paper 'Narrative capital, Narrative learning' written for a course at the University of Barcelona (Mimeo 2005).

—(2008) *Investigating the Teacher's Life and Work*, Rotterdam & Taipei: Sense.

—(2010) *Finding Our Story: Life Politics in the New Age*.

Goodson, I. and Sikes, P. (2001) *Life History Research in Educational Settings: Learning from lives*, Buckingham and Philadelphia: Open University Press.

Hoggart, R. (1958) *The Uses of Literacy*, Harmondsworth, Middlesex: Penguin Books in association with Chatto and Windus.

Hopkins, R. L. (1994) *Narrative Schooling*, New York: Teachers College Press.

Houten, C. van (1998) *Erwachsenenbildung als Schicksalspraxis: Grundlagen Für Zeitgemässes lernen*, Verlag Freies Geistesleben.

McEwan, H. and Egan, K. (eds) (1995) *Narrative in Teaching, Learning and Research*, New York: Teachers College Press.

Polkinghorne, D. (1988) *Narrative Knowing and the Human Sciences*, Albany: SUNY Press.

—(1995) 'Narrative configuration in qualitative analysis', in J. A. Hatch and R. Wisniewski (eds) *Life History and Narrative*, London: Falmer.

Ranson, S., Martin, J., Nixon, J. and McKeown, P. (1996) 'Towards a theory of learning', *British Journal of Educational Studies*, 44, 1: 9-26.

Ricoeur, P. (1991) 'Life in quest of narrative', in D. Wood (ed.) *On Paul Ricoeur: narrative and interpretation*, London: Routledge, 20-33.

Rogers, C. (1969)*Freedom to Learn: A view of what education might become*, Columbus, OH: Merill.

Rossiter, M. (1999) 'A narrative approach to development: Implications for adult education', *Adult Education Quarterly*: 50, 1: 56-71.

Rossiter, M. and Clark, M. C. (2007)*Narrative and the Practice of Adult Education*, Malabar, FL: Krieger.

Tedder, M. and Biesta, G. J. J. (2009[a]) 'What does it take to learn from one's life? Exploring opportunities for biographical learning in the lifecourse', in B. Merrill (ed)*Learning to Change? The role of identity and learning careers in adult education*, Frankfurt am Main: Peter Lang.

—(2009[b]) 'Biography, transition and learning in the lifecourse: The role of narrative' in J. Field, J. Gallacher and R. Ingram (eds) *Researching Transitions in lifelong Learning*, London: Routledge, 76-90.

West, L. , Alheit, P. , Andersen, A. S. and Merrill, B. (eds) (2007)*Using Biographical and Life History Approaches in the Study of Adult and Lifelong Learning: European perspectives*, Frankfurt am Main: Peter Lang.

图书在版编目(CIP)数据

叙事学习 / (英)艾沃·古德森等著;方玺译. —北京:北京师范大学出版社,2019.3(2020.11重印)
(教育经典译丛 / 张华主编)
ISBN 978-7-303-24395-2

Ⅰ.①叙… Ⅱ.①艾… ②方… Ⅲ.①学习方法—研究 Ⅳ.①G442

中国版本图书馆 CIP 数据核字(2018)第 281777 号

北京市版权局著作权合同登记号:01-2018-7486

营 销 中 心 电 话　010-58805072　58807651
北师大出版社高等教育与学术著作分社　http://xueda.bnup.com

XUSHI XUEXI

出版发行:北京师范大学出版社　www.bnup.com
　　　　　北京市海淀区新街口外大街 19 号
　　　　　邮政编码:100875

印　　刷:北京盛通印刷股份有限公司
经　　销:全国新华书店
开　　本:890 mm×1240 mm　1/32
印　　张:6.25
字　　数:138 千字
版　　次:2019 年 3 月第 1 版
印　　次:2020 年 11 月第 2 次印刷
定　　价:54.00 元

策划编辑:周益群　　　　　责任编辑:王星星
美术编辑:李向昕　　　　　装帧设计:李向昕
责任校对:李云虎　　　　　责任印制:马　洁